ATIVAÇÃO DA KUNDALINI

Desperte seu poder secreto e manifeste uma **vida Extraordinária**

THAIS GALASSI

editorapinkbrain

1 Edição – 2025

Produção
Pink Brain

Diretor editorial
André A.M. Matias

Diretora de projetos:
Amanda G. Barboza Gomes

Produtores editoriais
André A.M. Matias
João Pedro Viana Veloso

Revisão gramatical
João Pedro Viana Veloso

Design e Diagramação
Vitória Gambôa

Dados Internacionais de Catalogação na Publicação (CIP) (Câmara Brasileira do Livro, SP, Brasil)

Galassi, Thaís
Ativação kundalini: desperte seu poder secreto e manifeste uma vida extraordinária/
Thais Galassi. –1 Ed--Barueri, SP : Pink Brain Editora, 2025.
ISBN 978-65-83780-01-1
1. Autoconhecimento 2. Cura
3. Energia 4. Espiritualidade 5.Kundalini 6.Meditação 7.Transformação pessoal 8.Vida espiritual
I. Título.
25-304413.0 **CDD-229.543**

Índices para catálogo sistemático:
1. Kundalini Yoga: Espiritualidade: Filosofia mística 294.543
Maria Alice Ferreira - Bibliotecária - CRB 8/7964

E-MAIL: gestaopinkbrain@gmail.com

TEL: (11) 93385-0593 E-MAIL: gestaopinkbrain@gmail.com

editorapinkbrain

DEDICA*TÓRIA*

Agradeço à vida, por ter me conduzido até o fundo do poço quando o pânico tomou conta de mim. Naquele momento de escuridão, onde parecia não haver saída, encontrei a semente da minha maior virada de chave. Foi na dor que descobri a coragem. Foi no medo que aprendi a confiar. Foi no vazio que encontrei a espiritualidade que hoje me guia.

A síndrome do pânico, que parecia um castigo, revelou-se como a mais profunda oportunidade de renascimento. Ela me apresentou ao mundo invisível da energia, ao chamado da alma e, principalmente, à ativação da Kundalini — a força que despertou em mim uma vida completamente nova.

Dedico este livro a todos que já desceram às próprias sombras e não imaginaram que dali poderia nascer luz. Que a minha história seja a prova viva de que o fundo do poço pode ser, na verdade, o início do voo.

AGRADEÇO E HONRO O MEU PASSADO E VIVO NO PRESENTE COMPLETAMENTE CONSCIENTE DO FUTURO QUE ESTOU COCRIANDO!

PREFÁCIO

Desde pequena, sempre tive essa inquietação de ir além, de buscar, de questionar, de fazer do meu jeito. E foi exatamente por isso que a ativação da Kundalini chegou à minha vida com tanta força. Conheci a Kundalini num desses momentos em que a alma começa a falar mais alto que a sede de sucesso.

Depois de tantos anos vivendo a vida focada em mudar a realidade minha e da minha família, minha mente se tornou refém desse ritmo acelerado. Mesmo depois de alcançar as metas definidas e o sucesso almejado, o corpo não se sentia tranquilo para desacelerar e respirar. Era como se a alma mandasse recados diários de que agora era momento de encontrar paz interior, mas, dentro de mim, esse vazio era ensurdecedor demais — gerando uma ansiedade que não me deixava relaxar. Depois de um ataque de coragem e desespero por mudança, iniciei uma série de movimentos que me direcionaram para uma evolução interior, depois de tanto crescimento exterior.

Um desses movimentos: ativação da Kundalini, que eu nem sabia o que era direito. Mas eu gosto de me jogar no desconhecido. O que aconteceu comigo foi visceral. A Kundalini foi uma ferramenta muito objetiva e prática — assim como eu. Conforme fazia as sessões, ia aprendendo mais sobre mim e conseguia, depois, aplicar no dia a dia os entendimentos recebidos nas sessões. E isso, pra mim, foi libertador.

A primeira vez que fiz uma ativação com a Thais, eu não sabia o que esperar. Só sabia que algo dentro de mim estava começando a ascender. Um reencontro comigo mesma em várias versões. E não foi suave, não. Foi intenso. Foi profundo. Foi transformador. Eu chorei, eu ri, eu senti raiva, senti paz e, principalmente, senti tudo o que eu não tinha deixado vir à tona por anos. Foi como se alguém tivesse acendido a luz num cômodo que eu nem sabia que existia em mim. De lá pra cá, fiz muitas sessões — algumas muito gostosas, outras difíceis — mas cuja transmutação dos sentimentos no final foi crucial para que eu exercitasse a autonomia sobre minha própria mudança.

Me tornar a melhor versão de mim mesma internamente virou meu hobby favorito. Minhas prioridades mudaram. Antes era sucesso, dinheiro, ser a mais famosa. Hoje? É estar bem comigo e com aqueles que eu amo. É mandar uma boa mensagem para o mundo. É ajudar as pessoas a entrarem nessa mesma vibração de amor, de paz, de equilíbrio.

Pois, quando você sente isso, nunca mais quer outra coisa da vida.

Você começa a desejar que todo mundo experimente essa bênção.

E eu espero que você também possa sentir isso.

Escrevo esse prefácio porque acredito de verdade no que esse livro carrega. Porque vi o que ele despertou em mim e tenho certeza de que pode despertar em você também.

Vai fundo — com coragem, presença e muito amor.

O resto... **a energia cuida.**

Larissa de Macedo Machado — Anitta

*"A ENERGIA QUE VOCÊ BUSCA
FORA ESTÁ, SILENCIOSAMENTE,
ADORMECIDA DENTRO DE VOCÊ."*

THAIS GALASSI

SUMÁRIO

INTRODUÇÃO

VOCÊ NÃO ENCONTROU ESTE LIVRO. FOI ELE QUEM ENCONTROU VOCÊ.

Você não chegou até aqui por acaso. Pode ter sido um clique, uma curiosidade, uma indicação... mas, na verdade, foi algo muito mais profundo: um chamado. Algo dentro de você — talvez silencioso, talvez gritando — pedindo sua atenção.

Isso é normal. Há momentos na vida em que tudo parece igual — mas algo dentro de nós começa a se agitar. Um incômodo sutil. Um desconforto que não passa. Uma sensação de que tem algo a mais, mesmo quando tudo parece "certo". É como se uma parte sua — esquecida, abafada, adormecida — começasse a chamar por você.

Este livro é a resposta a esse chamado.

Não espere uma leitura comum. Este não é um manual, nem um guia espiritual como os outros. É uma travessia. Um espelho. Um campo vivo. A cada página, algo em você será tocado — e talvez nem consiga explicar com palavras.

E não precisa.

Durante séculos, a energia Kundalini foi mantida em segredo. Envolta em mitos, distorções e medos. Mas agora, o tempo do mistério acabou. Entramos na era da consciência, onde o que antes era considerado oculto se revela como natural. Onde espiritualidade e ciência não se enfrentam, mas se encontram.

E é nesse ponto de encontro que nasce esta obra.

Aqui, não ofereço mais uma teoria, mais uma técnica, mais uma promessa mágica.

Eu compartilho um caminho real.

Um método que nasceu da prática, da escuta profunda, de mais de sete mil ativações realizadas em pessoas que, como você, estavam cansadas de sobreviver — e queriam, finalmente, viver.

Este livro foi construído como um caminho vivo.

Cada parte convida você a atravessar uma etapa da sua própria jornada. As palavras aqui não são apenas informações. Elas podem tocar sua mente, mas também alcançar o que está além dela.

E, se você permitir... algo em você vai começar a se mover desde já.

Você vai aprender o que é a Kundalini, como ela age, como se manifesta.

Vai ler histórias reais de quem passou por esse processo.

Vai sentir, se lembrar e despertar...

E se eu lhe disser que o que você chama de ansiedade pode ser energia bloqueada?

Que aquela insônia recorrente pode não ser cansaço, mas chamado?

E que aquele vazio silencioso... talvez seja a saudade de si?

Este livro foi escrito por quem já atravessou essa ponte.

Por quem já guiou milhares de outras almas a atravessá-la também.

Aqui, você vai descobrir um método que não teoriza — ativa.

Não promete — desperta.

Porque a vida que você sente que está faltando... é a vida que começa aqui.

Então, antes de seguir, um aviso sincero:

Depois dessas páginas, você não será mais o mesmo ser.

E isso é uma bênção.

RESPIRE.

SOLTE OS OMBROS.

CONFIE NO QUE JÁ ESTÁ SE MOVENDO.

A SUA ATIVAÇÃO JÁ COMEÇOU.

PARTE 1

A DESCONSTRUÇÃO COMEÇA AQUI...

Agora imagine: olhos abertos, luz abundante, nada cobrindo a vista — mas o que você deseja ver está trancado dentro de uma caixa.

A verdadeira visão não depende só da luz ou dos olhos. Depende de acesso. Depende de abertura. Depende de [illegible].

Durante séculos, a energia Kundalini foi mantida como [illegible] dentro de um baú oculto, distorcido, restri[illegible]. [illegible] esse baú começou a se abrir. A luz passou [illegible]. Alguns puderam tocar, sentir, experimentar. Mas ainda [illegible] — muitos [illegible]. Muitos venderam [illegible], [illegible] informação.

Este livro é uma [illegible].

Uma porta aberta.

Um sopro de ar em um quarto escuro.

Ele não existe apenas para lhe informar, mas para lhe lembrar.

Para [illegible] a visão [illegible].

Antes de entender [illegible] da Kundalini, é preciso iluminar o que ela [illegible].

Kundalini não é religião.

Não é Tantra.

Não é hipnose.

Não é misticismo.

Não é [illegible].

E não é uma experiência reservada a gurus ou escolhidos.

O problema é que, onde falta luz, o medo se instala. E onde há medo, surgem distorções. Talvez você já tenha ouvido que a Kundalini "abre portais perigosos", que "é coisa de ocultismo", ou que "é para pessoas espiritistas".

CAPÍTULO 1

ANTES DE DESPERTAR, É PRECISO VER

Enxergar é um milagre silencioso.

Abrir os olhos e perceber formas, cores, nuances... é algo tão natural que esquecemos o quanto é extraordinário. Mas existe uma verdade que poucos reconhecem: ter olhos não significa enxergar.

Se você está lendo este livro, seus olhos funcionam bem. Mesmo com óculos, a visão é parte da sua experiência. Mas pare por um instante... e reflita profundamente: o que é preciso para realmente ver?

De que adianta ter olhos perfeitos, se o ambiente está escuro?

De que adianta, se permanecem fechados?

E mesmo abertos, de que serve, se há um véu invisível sobre eles?

Agora imagine: olhos abertos, luz abundante, nada cobrindo a vista — mas o que você deseja ver está trancado dentro de uma caixa.

A verdadeira visão não depende só da luz ou dos olhos.

Depende de acesso. Depende de abertura. Depende de consciência.

Durante séculos, a energia Kundalini foi mantida como esse segredo dentro de um baú: oculta, distorcida, restrita. Aos poucos, esse baú começou a se abrir. A luz passou pelas frestas. Alguns puderam tocar, sentir, experimentar. Mas ainda havia — e há — muitos véus. Muitas "vendas". Muitas camadas de medo, ignorância e desinformação.

Este livro é uma chave.

Uma fresta aberta.

Um sopro de ar em um quarto escuro.

Ele não existe apenas para lhe informar. Existe para lhe lembrar.

Para guiar seus olhos — e sua alma — de volta à visão real.

Antes de entender o que é a ativação da Kundalini, é preciso iluminar o que não é.

Kundalini não é religião.

Não é Tantra.

Não é hipnose.

Não é misticismo.

Não é dança em transe.

E não é uma experiência reservada a gurus ou escolhidos.

O problema é que, onde falta luz, o medo se instala. E onde há medo, surgem distorções. Talvez você já tenha ouvido que a Kundalini "abre portais perigosos", que "é coisa de ocultismo", ou que "é para pessoas esquisitas".

Mas tudo isso são apenas reflexos da escuridão. Vozes de quem nunca viu — e, por isso, fala do que não sabe.

A verdade é simples e vibrante como a vida: Kundalini é energia. É a sua energia.

É a força mais poderosa que habita em você.

Ela não vem de fora.

Ela desperta de dentro.

Ela é você, inteiro, voltando a pulsar.

Este capítulo é o primeiro sopro que tira o pó do espelho.

Aqui, dissolvemos os mitos.

Removemos os equívocos.

Desmontamos o teatro criado em torno dessa energia.

Porque só depois que os véus caem... é que a luz pode realmente entrar.

KUNDALINI NÃO É RELIGIÃO

Você não precisa acreditar em nada para despertar a Kundalini. Ela não exige fé, não está ligada a nenhum dogma e não pertence a nenhuma tradição religiosa específica.

Sim, sua origem está ligada a escrituras antigas do Oriente, especialmente dentro do Yoga. Mas seu acesso não é exclusivo de quem segue uma doutrina. Não é necessário ser hindu, budista, cristão, muçulmano ou qualquer outra identidade espiritual.

Kundalini é energia. E energia é neutra. Ela não "escolhe" pessoas com base em crenças. Ela responde à consciência, à intenção, à frequência. E essa é a experiência prática que tenho; não importa a religião, a Kundalini sempre é ativada em quem retira o véu do preconceito.

Em outros termos, a Kundalini é como a gravidade: está aí, independente de você acreditar ou não. Assim, sendo uma lei, uma realidade até mesmo mais presente na vida das pessoas que a própria religião, seu despertar irá fortalecer sua espiritualidade, nunca aprisionando você em uma seita ou religiosidade.

Ela liberta.

Ela não impõe.

Ela revela.

Kundalini não é Tantra

Quando estamos na escuridão, confundimos silhuetas com monstros, e sombras com ameaças. A associação entre Kundalini e o Tantra superstições é um desses enganos comuns.

O Tantra é uma filosofia rica, profunda e ampla — mas a ativação da Kundalini vai além disso.

É sobre o prazer de existir por inteiro.

É sobre despertar vital.

Desbloqueio energético.

É sobre acender a força da vida em cada célula do seu corpo.

Kundalini não é hipnose

Quando se vê vídeos das pessoas na ativação da Kundalini, pode parecer estranho à primeira vista. Há olhos fechados, movimentos espontâneos, uma concentração profunda. Mas isso não é transe, nem hipnose.

É lucidez elevada.

É um estado de consciência ampliado!

A ativação não desliga a mente. Ela a acende.
Não tira seu controle. Ela devolve o seu centro.
É você mais desperto do que nunca.
Sentindo mais.
Percebendo mais.
Sendo mais.
Sem indução, sem sugestão ou domínio externo.

KUNDALINI NÃO É MISTICISMO

O mundo está cheio de rituais, crenças, fórmulas mágicas e superstições.

Mas a Kundalini não se encaixa nesse teatro.

Ela não depende de amuletos, cartas, rituais ou dogmas.

Ela não é um culto.

Ela não é um transe coletivo.

Ela não é um chamado aos céus.

Ela é o chamado da sua própria essência.

O reencontro com a força natural que você sempre teve — mas que, talvez, tenha esquecido como acessar.

KUNDALINI NÃO É SÓ MOVIMENTO FÍSICO

Durante uma ativação, o corpo responde.

Ele movimenta, treme, vibra, ri, chora, libera.

Mas o que se vê não é a essência — é só a superfície.

A verdadeira ativação começa no fundo. No invisível.

E então... ela sobe. Expande. Transborda.

E você sente, sem dúvida alguma, que algo profundo e verdadeiro começou a acontecer.

AGORA, RESPIRE.

E sinta: algo em você já começou a se mover.

Você abriu os olhos.

Abriu a janela.

E a luz começou a entrar.

A partir daqui, será você e eu — caminhando juntos nessa jornada.

Em muitos momentos, serei eu quem segura sua mão.

Em outros, será você quem vai precisar abrir os olhos por dentro.

Mas uma coisa é certa: o despertar já começou...

CAPÍTULO 2

A CORAGEM DE SAIR DO SCRIPT

Agora que desconstruímos o que a Kundalini não é, acho justo te contar um pouquinho da minha história e como eu despertei essa energia incrível que mudou minha vida.

Bom, nasci em um lar comum, daqueles que passam despercebidos nos retratos das grandes histórias — mas que escondem, nos bastidores da aparente normalidade, sementes de algo extraordinário. Meus pais se separaram quando eu tinha apenas dois anos de idade, e mesmo com essa ruptura precoce, minha infância seguiu tranquila, sem traumas explícitos, mas com nuances que moldariam profundamente quem eu viria a me tornar.

Diferente da maioria das crianças, que crescem tentando decifrar o peso das críticas, eu fui cercada por elogios.

"Você é boa nisso", "Você faz tudo certo", "Que menina maravilhosa!" — eram frases constantes, vindas de todos os lados: mãe, tias, avós. Era como se houvesse uma expectativa silenciosa de perfeição, não cobrada com dureza, mas nutrida com doçura.

Eu não era a melhor aluna da sala — e nem precisava ser. Havia uma alegria constante no meu jeito de ser, uma disposição natural para ajudar, para sorrir, para estar bem. Mesmo quando algo doía por dentro, o sorriso vinha primeiro, como um reflexo treinado, uma armadura invisível forjada por tanto incentivo.

E talvez aí tenha começado a dança entre o que eu sentia e o que eu mostrava. Uma dança sutil, delicada, que mais tarde revelaria um chamado muito mais profundo: o de ativar a verdade mais pura e crua que mora em cada ser humano. Mas, naquela época, eu apenas sorria — sem saber que esse sorriso carregava a fagulha de uma missão muito maior.

Com 19 anos, a vida parecia seguir o roteiro ideal. Entrei para a faculdade e, quase simultaneamente, conquistei um cargo em uma multinacional de prestígio — daquelas que fazem os olhos dos outros brilharem e os pais se orgulharem. Jovem, determinada e sorridente, eu estava exatamente onde diziam que todos deveriam querer estar.

Mas os elogios que me acompanharam desde a infância, antes doces como afeto, começaram a se transformar em uma espécie de veneno invisível: autocobrança. Aquela menina que antes apenas gostava de fazer o bem e de ser reconhecida, agora precisava estar sempre entre as melhores. Primeiro ou segundo lugar em vendas? Era o mínimo aceitável. E esse desempenho me trouxe resultados: status, reconhecimento, viagens, riqueza financeira... mas a que custo?

O corpo, esse sábio silencioso que nunca mente, começou a sussurrar. Primeiro, dores de cabeça frequentes. Depois, dores no estômago que se tornaram rotina. Visitas a hospitais começaram a se tornar parte da minha agenda. Um dia, recebi o diagnóstico de gastrite. Outro, as costas começaram a travar. Mas o mais assustador ainda estava por vir.

Na primeira ida ao hospital com sintomas mais intensos, os médicos disseram: *"Fisicamente, está tudo bem"*. Mas eu sabia que não estava. Algo em mim gritava por socorro. Na segunda visita, uma médica olhou nos meus olhos com seriedade e disse: Você precisa buscar ajuda psiquiátrica. Naquele instante, o chão se abriu sob meus pés.

"Como assim?", pensei. "Eu? Logo eu?"

Foi então que veio o diagnóstico: síndrome do pânico.

E foi aí que tudo começou a desmoronar... para depois renascer de uma forma que eu jamais poderia imaginar.

Diante do diagnóstico, tive que escolher: viver medicada para sempre ou buscar outro caminho. O médico foi direto — e naquele momento, sem saber, ele me ofereceu a primeira encruzilhada da minha verdadeira jornada interior.

"Você pode tomar remédio pelo resto da vida... ou pode aprender a cuidar da sua mente por conta própria."

Foi aí que ouvi, pela primeira vez com real seriedade, a palavra "meditação".

Comecei. Ou melhor, tentei. Os três primeiros meses foram um tormento. Meditar? Aquilo era insuportável. Eu sentava, fechava os olhos, e tudo o que queria era gritar, sair correndo, julgar mentalmente cada pessoa que parecia *"zen"* demais ao meu redor. Eu olhava para quem estava em posição de lótus e pensava: *"Não é possível, ninguém está meditando de verdade aqui. Todo mundo está fingindo."*

Mas algo — talvez minha alma, talvez minha intuição — me manteve ali. E então, sem aviso prévio, algo mudou. Por coincidência, ou talvez por sincronicidade, no terceiro mês... eu simplesmente consegui. Pela primeira vez, senti o silêncio dentro de mim. Pela primeira vez, experimentei o que significava estar no momento presente. E esse pequeno vislumbre foi tão poderoso que começou a redesenhar minha existência.

Foi nesse estado de descoberta que o universo me desafiou novamente.

Pouco tempo depois, fui demitida da multinacional. A estrutura sólida que eu havia construído desmoronou em um estalo. E, como se não bastasse, três semanas depois descobri que estava grávida da minha filha, Isabela.

Foi um mergulho profundo. De um lado, o vazio da perda: da carreira, da identidade, do controle. Do outro, uma luz inesperada: a dádiva de gerar uma vida. E embora tudo estivesse desmoronando, havia magia naquele caos. A Isabela veio como um presente divino — um chamado para renascer junto com ela.

Quando a maternidade virou cura

Foi preciso parar. E parar, naquele momento da vida, foi a melhor coisa que poderia ter me acontecido.

Nos dois anos e meio seguintes, mergulhei na maternidade como quem retorna ao sagrado. Amamentei minha filha Isabela com presença, com entrega, com um amor tão puro que nenhum cargo, nenhum bônus, nenhum título jamais poderia ter me proporcionado. Ali, em cada madrugada, em cada troca de olhar silenciosa, eu compreendi uma das minhas maiores verdades: ser mãe era uma das minhas grandes missões de alma.

Com o tempo, fui me curando de dentro para fora. O pânico cedeu espaço à paz. A pressa foi substituída por presença. E, pouco a pouco, comecei a sentir a centelha do recomeço. Sentia que era hora de voltar ao mundo profissional, mas de um jeito diferente. Havia algo maior me chamando. Um sussurro que dizia: *"Você não passou por tudo isso à toa. Outras pessoas estão sofrendo... e você pode ser ponte para a cura delas."*

E foi aí que tudo começou a mudar — de novo.

Eu olhava ao redor e percebia o quanto faltava acolhimento verdadeiro. Na época, quase não havia conteúdos acessíveis sobre saúde emocional. Meditações gratuitas eram raras, e apoio emocional real, mais ainda. Eu mesma tinha procurado por ajuda gratuita nas mídias e não encontrava nada. As ferramentas estavam disponíveis, sim, mas distantes. Caras demais, complexas demais, frias demais.

Foi então que eu entendi: minha jornada de dor e renascimento não era apenas minha. Era um chamado para iluminar o caminho de quem também estava no escuro — sem saber como sair, sem saber para onde ir.

A maternidade me abriu para o sagrado. E foi tão transformadora, que o universo decidiu repetir a bênção. Tive meu segundo filho, o Thales. Mais uma vez, mergulhei profundamente nesse vínculo ancestral entre mãe e filho — a amamentação, o toque, o silêncio, os olhos que falam mais do que mil palavras. Foram meses de presença plena, de cuidado, de redescoberta.

Mas quando Thales completou cerca de um ano e meio, algo dentro de mim despertou com força. Era como se uma nova versão minha estivesse pronta para emergir —

uma versão que, além de ter sido curada, estava preparada para ser canal de cura. Eu queria — eu precisava — levar prosperidade, consciência e despertar para outras pessoas.

E assim começou a busca consciente por ferramentas. Fiz três formações em Yoga. Fiz inúmeras formações em terapias energéticas. Eu não estudava somente para saber — estudava para transformar. E cada nova técnica, cada novo conhecimento era como acender uma vela em mim... e preparar o caminho para acender a dos outros.

Foi nessa fase que nasceu um dos meus primeiros atos de coragem e entrega: o canal no *Spotify*. Começou de forma simples. Eu escrevia meditações — na maioria das vezes para mim mesma, nos dias em que a síndrome do pânico ainda sussurrava no meu corpo. Escrevia como quem sangra em palavras, como quem respira entre uma dor e outra. Um dia, resolvi postar. E o que aconteceu me arrepiou.

As pessoas começaram a ouvir. A se sentir acolhidas. A me escrever dizendo: *"Essa meditação me salvou hoje."* E, em pouco tempo, o canal virou um espaço sagrado. Em menos de dois anos, fui reconhecida como uma das vozes mais ouvidas do Brasil na categoria. Eu? Aquela que um dia sentou em uma sala de Yoga querendo ir embora? Agora era referência para milhares de pessoas buscando o mesmo: cura, reconexão, recomeço.

E mesmo com todo esse movimento, eu nunca parei de estudar. A cada nova formação, eu não apenas aprendia mais sobre energia, consciência e espiritualidade — eu me redescobria. A cada passo, a minha missão se tornava mais clara: existir para despertar.

A ALMA QUE SE LEMBRA: O NASCIMENTO DO AKE

Foi em uma das minhas viagens para fora do Brasil que o destino revelou aquilo que minha alma já sabia: a ativação da Kundalini.

O encontro foi arrebatador. Não houve dúvida, nem hesitação. Foi magnético, visceral, como se um campo invisível estivesse me puxando para algo que eu já conhecia... mas ainda não lembrava. Quando entrei em contato com essa técnica, com essa frequência, com esse chamado, algo dentro de mim se acendeu com uma força que não podia ser ignorada. Era como se eu tivesse voltado para casa.

Tamanha foi a conexão que decidi ficar na Europa para me formar ali mesmo, naquele momento. No Brasil, eu não havia encontrado essa formação — e, para minha surpresa, na Europa ela já era conhecida, respeitada e praticada com naturalidade. Estava claro: eu precisava mergulhar nisso.

Durante a formação, tudo fluiu com uma leveza quase sobrenatural. Meus movimentos pareciam guiados por algo maior. Minhas mãos sabiam exatamente o que fazer. Meu corpo se movia com sabedoria ancestral. Minha consciência estava ampliada, desperta, sintonizada com cada processo energético. Enquanto muitos colegas ainda se sentiam inseguros, tentando entender o que estavam fazendo, eu sabia. Não com a mente — mas com a alma.

Concluí o curso com uma confiança serena, como se aquele conhecimento não tivesse sido aprendido... mas sim lembrado.

Voltei ao Brasil e comecei da forma mais pura e verdadeira: ativando minha própria família. Um a um, fui vendo olhos se abrindo, corações se aquecendo, consciências se despertando. Depois vieram os amigos. E então, mais e mais pessoas.

A cada ativação, algo dentro de mim se firmava: eu havia encontrado meu propósito.

E foi aí que comecei a unir tudo que havia vivido — minhas experiências com a mente, com a dor, com a maternidade, com as terapias, com o autoconhecimento — e lapidar um novo método. Um caminho único, profundo, verdadeiro. Uma ponte entre ciência e espiritualidade. Corpo e alma. Céu e terra.

A ativação da Kundalini, em minhas mãos, começou a se tornar algo muito maior.

Foi então que algo ainda maior aconteceu. A partir de tudo o que vivi, de tudo o que estudei, pratiquei e experimentei, finalmente canalizei o meu próprio método. Um sistema que não nasceu somente do intelecto, mas da fusão entre a minha história, minhas dores, curas, experiências e o poder da ativação da Kundalini.

Nasceu o AKE – *Awakening Kundalini Energy.*

Esse Método é mais do que uma prática energética. Ele é a síntese de uma vida inteira. É a união de tudo aquilo que me atravessou: o pânico e a paz, a dor e a expansão, o colapso e a reconstrução. É a entrega mais profunda que eu poderia fazer ao mundo.

A Kundalini é, sem dúvida, a ferramenta mais poderosa que já encontrei em toda a minha jornada. Nada me tocou com tamanha profundidade, com tanta força, com tanta verdade. Mesmo já estando curada da síndrome do pânico quando conheci essa energia, foi após a ativação que transformações mais sutis — e ao mesmo tempo mais profundas — começaram a acontecer.

Minha vida se alinhou. As relações mudaram. A prosperidade se expandiu. Minha energia vital aumentou. Minha espiritualidade ganhou uma nova dimensão. Mas, acima de tudo, aquela autocobrança que me acompanhou por toda a vida simplesmente desapareceu. A culpa que me limitava, o perfeccionismo que me pressionava, a ansiedade de ter que "ser alguém" para agradar... tudo se dissolveu.

Pela primeira vez, eu era simplesmente eu. Inteira. Livre. Conectada com algo maior do que eu mesma.

E foi nesse estado de verdade que nasceu o AKE: um portal de transformação energética, espiritual, emocional e mental. Um Método vivo, pulsante, que desperta o que há de mais poderoso dentro de cada ser humano.

Durante minha trajetória de estudos, formações e vivências, eu havia participado de diversas aulas de Kundalini Yoga. Eram ricas, interessantes... mas nenhuma delas havia despertado, de fato, a energia da Kundalini dentro de mim. Com uma única exceção.

Houve um dia — um momento — em que a ativação aconteceu.

E naquele instante, tudo mudou. Não foi sutil. Não foi mental. Foi visceral, energético, cósmico. Eu senti a energia subir com força, expandir em cada célula do meu corpo, abrir canais de percepção, dissolver bloqueios antigos e me reconectar com uma força que parecia ter dormido em mim por vidas. A energia da criação, da vida, da verdade.

Foi ali que a minha missão se desenhou com nitidez.

Eu compreendi, com uma clareza que só a alma pode sentir, que minha função neste mundo era levar essa energia para o Brasil. Ser referência, sim — mas mais do que isso, ser canal. Formar outras pessoas, multiplicar o conhecimento, quebrar os mitos, tirar os medos, mostrar que a Kundalini é acessível. Que não é mística. Que não é perigosa. Que é, na verdade, o que todos deveriam experimentar para resgatar o próprio poder.

Porque a Kundalini não é para alguns. É para todos. Todos que desejam voltar para si. Todos que estão prontos para deixar de sobreviver... e começar a viver plenamente.

Hoje, eu acredito que estou cumprindo meu propósito. Treino facilitadores, realizo ativações; sou instrumento de milhares de despertares. Mas uma parte essencial dessa missão, talvez a mais profunda até agora, é escrever este livro.

Este livro não se resume à minha biografia. Ele é um chamado. Um mapa. Um espelho.

E se você chegou até aqui, talvez seja porque sua alma também está pronta para despertar.

No próximo capítulo, vamos falar sobre algo que possa estar te impedindo de despertar...

Lembre-se que não é o desconhecimento.

E sim o medo.

E quando ele se dissolve...

Nada mais consegue parar você.

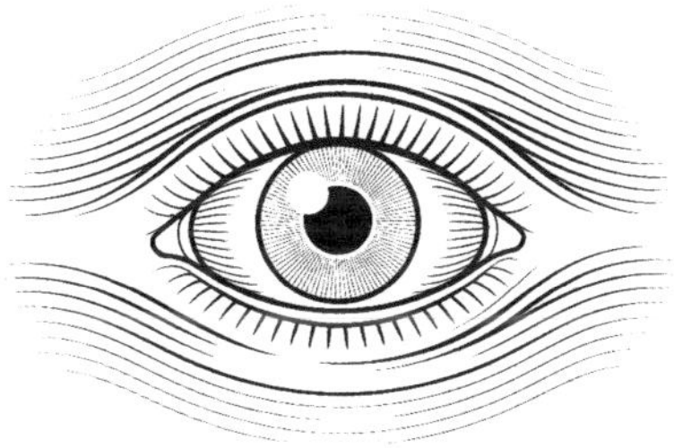

CAPÍTULO 3

MEDO DE QUÊ?

Se eu te perguntasse assim: qual o seu maior medo? Qual seria a sua resposta?

Não precisa responder agora. Mas guarde essa pergunta. Ela vai voltar.

Depois de mais de 7 mil ativações, posso lhe dizer uma coisa: grande parte das pessoas chega com medo. E sabe o que mais me impressiona? Quando pergunto *"medo de quê?"*, a maioria não sabe responder direito.

Bom, no meu caso, se eu consegui sair do meu script — aquele roteiro previsível e confortável que me ensinaram a seguir — foi porque, antes de tudo, escolhi olhar para o medo. E mais do que isso: escolhi escutar o que ele queria dizer.

Sim, o medo fala.

Ele não grita, mas sussurra.

Ele não quer ser combatido, só quer ser ouvido; só quer escurecer a paisagem.

O medo é a primeira cortina que se abre antes do despertar.

O medo não surge para nos travar. Ele surge para nos proteger. De quê? De memórias, de traumas, de experiências antigas que ficaram mal resolvidas. Mas será mesmo perigoso mudar? Será que não é arriscado demais sentir mais, expandir mais, perceber mais?

Ou será que o verdadeiro risco é continuar vivendo em uma zona confortável, porém limitada, onde nada se move e tudo se repete?

MEDO DO QUÊ, EXATAMENTE?

Talvez você esteja com o livro nas mãos, com o coração curioso, mas, lá no fundo uma pergunta está se formando: *"E se isso for perigoso?"*, *"E se eu perder o controle?"*, *"E se eu me arrepender?"*

Bem-vindo. É aqui que começa a verdadeira jornada.

A maior resistência ao despertar da Kundalini não é o desconhecimento. É o medo. É o medo do que você pode encontrar dentro de si. É o medo de sair da redoma onde tudo está sob controle — mesmo que, nesse controle, haja dor, estagnação e insatisfação.

É o medo de encontrar o seu verdadeiro poder. E então, ter que assumir a responsabilidade de abandonar uma vida morna para viver algo extraordinário.

Você quer saber qual é o verdadeiro medo que quase ninguém admite?

Vou te contar um segredo: o maior medo não é da ativação da Kundalini. É do seu próprio poder. É de descobrir quem você realmente é quando para de se esconder atrás das desculpas, dos "não posso", dos "não sou capaz".

É de descobrir que você é muito mais forte do que imagina. Muito mais inteligente. Muito mais completo. E isso assusta. Porque, se você é tudo isso... por que está vivendo de maneira tão pequena ou insignificante?

Por que aceitou uma vida que não preenche você? Por que se contentou com relacionamentos que diminuem sua grandeza? Por que escolheu trabalhos que sugam sua energia?

A ativação da Kundalini coloca luz nessas sombras. E, infelizmente, algumas pessoas preferem o escuro. É mais confortável. Mas você não! Se estivesse confortável, não estaria lendo este livro. Se você não estivesse com um desejo profundo de mudar, não se conectaria com minhas palavras.

OS CINCO MEDOS QUE EU MAIS ESCUTO

Deixa eu falar para você dos medos mais comuns que ouço no meu dia a dia:

1. *"E se eu mudar demais?"*

Esse é o medo número um. As pessoas costumam falar: *"Thais, eu quero mudar, mas... e se eu mudar DEMAIS?"*

Como assim, mudar demais?

"E se eu não conseguir mais conviver com as mesmas pessoas?"

"E se eu perceber que meu trabalho não faz mais sentido?"

"E se eu descobrir que meu casamento não me faz feliz?"

Olha, vou ser direta: talvez você realmente não consiga mais conviver com pessoas que lhe diminuem. Talvez você realmente não queira mais um trabalho que não lhe desafie. E talvez você descubra que alguns relacionamentos eram só por hábito. Talvez o que você chama de "demais", seja apenas o tamanho real da sua alma tentando emergir. Talvez alguns ciclos estejam prontos para se encerrar.

E sim — isso assusta. Mas mais assustador ainda é seguir vivendo uma vida que não te preenche.

E sabe de uma coisa? Isso é libertação, não tragédia.

Lembro de uma pessoa que atendi e me disse semanas depois da ativação: *"Thais, depois da ativação, saí do meu emprego, terminei um relacionamento de 5 anos e mudei de cidade. Parece loucura, mas pela primeira vez na vida, estou vivendo de verdade."*

Loucura seria continuar fingindo que estava tudo bem.

2. *"E se eu perder o controle?"*

As pessoas veem os vídeos das ativações e ficam assustadas com os movimentos. *"Nossa, e se eu começar a me mexer e não conseguir parar?"*

Primeiro: você não perde o controle. Você ganha controle.

Os movimentos são involuntários, sim. Mas são movimentos de liberação. Sua energia está subindo,expandindo, desbloqueando, limpando e equilibrando. E seu corpo sente e participa do processo.

Sabe quando você está com muita raiva e precisa socar um travesseiro? Ou quando está muito feliz e não consegue ficar parado? Então, seu corpo expressa o que está acumulado por dentro.

Na ativação, você está liberando diversos bloqueios energéticos de todos os traumas e emoções que não foram expressadas desde quando você estava na barriga da sua mãe. Os movimentos podem acontecer — ou não. É uma manifestação individual.

E sabe uma coisa engraçada? Quem mais tem medo de "perder o controle" são exatamente as pessoas que mais precisam soltar e abrir mão do controle. São aquelas que controlam tudo na vida, que não se permitem sentir, que vivem represadas.

A ativação é um convite para você confiar. No processo. Em você. Na vida.

3. "E se for pecado?"

Ah, esse aqui... Quantas vezes ouvi isso.

"Thais, minha religião não aceita essas coisas."

"Meu pastor disse que é coisa do diabo."

"E se eu estiver abrindo um portal perigoso?"

Escuta, eu já atendi Testemunha de Jeová. Atendo evangélicos que vêm escondidos da família. E já atendi até um pastor que estava em crise espiritual.

Sabe o que todos me disseram depois?

"Nossa, Thais, eu me senti mais próximo de Deus do que nunca."

A Kundalini não tem religião. Ela fortalece sua espiritualidade.

4. "E se eu não conseguir voltar ao normal?"

Esse medo vem de quem confunde Kundalini com Ayahuasca ou outras substâncias.

"Thais, e se eu for para algum lugar e não conseguir voltar?" "E se eu ficar maluco que nem aqueles gurus?"

Calma. Respira.

Na ativação da Kundalini, você não ingere nada, você não "vai" a lugar nenhum. Você não sai do seu corpo. Você não fica em transe por horas.

Você fica mais presente. Mais consciente. Mais você.

E sobre ficar "maluco"... olha, se ativar seu poder, estar em paz consigo mesmo, ter clareza do que quer, dormir bem e se relacionar de forma saudável é loucura — então eu quero que o mundo inteiro enlouqueça.

5. *"E se não funcionar comigo?"*

Esse é, talvez, o medo mais sensível.

"Thais, e se eu for a única pessoa no mundo que isso não funciona?"

"E se eu for tão bloqueada que nem a Kundalini consegue me ajudar?"

"E se eu não merecer despertar?"

Para por aí.

Se você está respirando, você tem Kundalini.

Se você tem alma, você pode despertar.

Se você está vivo, você merece viver plenamente.

Não existe "não funcionar". O que existe é expectativa demais, comparações demais, pressa demais, que querem ver resultado em 10 minutos. Existem pessoas que sabotam o próprio processo porque têm medo do sucesso.

Mas se não funcionar?

Em mais de 7 mil ativações, nunca vi um caso de "não funcionar". Cada um responde à sua maneira, no seu ritmo, no seu tempo, na sua intensidade.

A TÉCNICA DE BRINCAR COM O MEDO

Uma das ferramentas mais transformadoras que ensino é: observar o medo com leveza.

Sim, com leveza. Às vezes... até com humor.

Quando sinto um medo novo se aproximando, eu pergunto:

"Você veio me proteger de quê, exatamente?"

Às vezes, ele responde. Outras vezes, só se cala.

Mas algo mágico acontece no simples ato de se sentar com ele — sem pressa, sem luta, sem rejeição.

Você deixa de ser refém... e se torna observador.

Uma prática curiosa e poderosa é dar forma ao medo.

Você já tentou imaginar seu medo com uma fantasia exagerada? Tipo um vilão de filme exagerado, com voz grossa, capa longa, mas que tropeça nos próprios pés?

O uma sombra ameaçadora que, ao ser iluminada, revela ser só uma cadeira com casaco?

Parece bobo, eu sei. Mas funciona.

Porque o medo adora a escuridão.

Quando você traz luz — ele diminui.

Quando você ri dele — ele encolhe.

Quando você entende — ele te liberta.

O MEDO NÃO É O FIM

Você não precisa esperar o medo ir embora para começar.

Você só precisa impedir que ele decida por você.

Talvez ele esteja dizendo:

"Não vá.", "Não mexa nisso.", "Não se arrisque."

Mas se você escutar com mais presença, vai ouvir uma

voz ainda mais antiga, aquela que vem da sua alma, dizendo baixinho:

"Vai sim.", "Vai com medo mesmo.", "Porque é aí que está a sua liberdade."

E quando você vai, algo se abre.

É como se uma porta invisível se destrancasse.

E você percebe que o medo... não era uma parede.

Era só uma cortina.

E agora ela caiu.

SEU MEDO TEM UMA PERGUNTA PARA VOCÊ

Antes de encerrar este capítulo, quero te propor um exercício.

Pense no seu maior medo em relação à ativação da Kundalini.

Agora me responda: O que esse medo está protegendo?

Medo de mudar? Está protegendo sua zona de conforto.

Medo de descobrir seu poder? Está protegendo você da responsabilidade. Medo de ser julgado? Está protegendo sua necessidade de aprovação.

Todo medo protege algo.

E, às vezes, esse "algo" já não serve mais para sua evolução.

O medo te mantém pequeno para te manter seguro.

Mas você não veio a esta vida para ser pequeno.

Você veio para ser inteiro.

Então, da próxima vez que o medo bater na sua porta falando sobre Kundalini, não bata a porta na cara dele.

Convide-o para entrar. Ofereça um café. Pergunte:

"O que você quer me ensinar?"

Escute com carinho. Agradeça pela proteção.

E então, gentilmente, diga:

"Obrigado, medo. Eu te escutei. Mas agora quem decide sou eu."

Porque o medo pode ser um conselheiro, mas jamais deve ser o líder da sua vida.

Respirou?

Agora me responda de novo: qual o seu maior medo?

Se algo em você já começou a se mover, se a resposta já não é a mesma de antes... Parabéns.

Você já deu o primeiro passo rumo ao despertar.

E é por isso que a próxima etapa faz tanto sentido agora.

É hora de transcender.

Hora de dar as boas-vindas à Parte II deste livro — e da sua jornada.

De conhecer, com profundidade e verdade, a energia que sempre esteve aí, pulsando em silêncio dentro de você: a Kundalini.

Feche os olhos.

Sinta.

Você está pronto para lembrar?

Então vamos.

O seu despertar está apenas começando.

PARTE 2

TRANSCENDER: QUANDO A ENERGIA DESPERTA A VERDADE

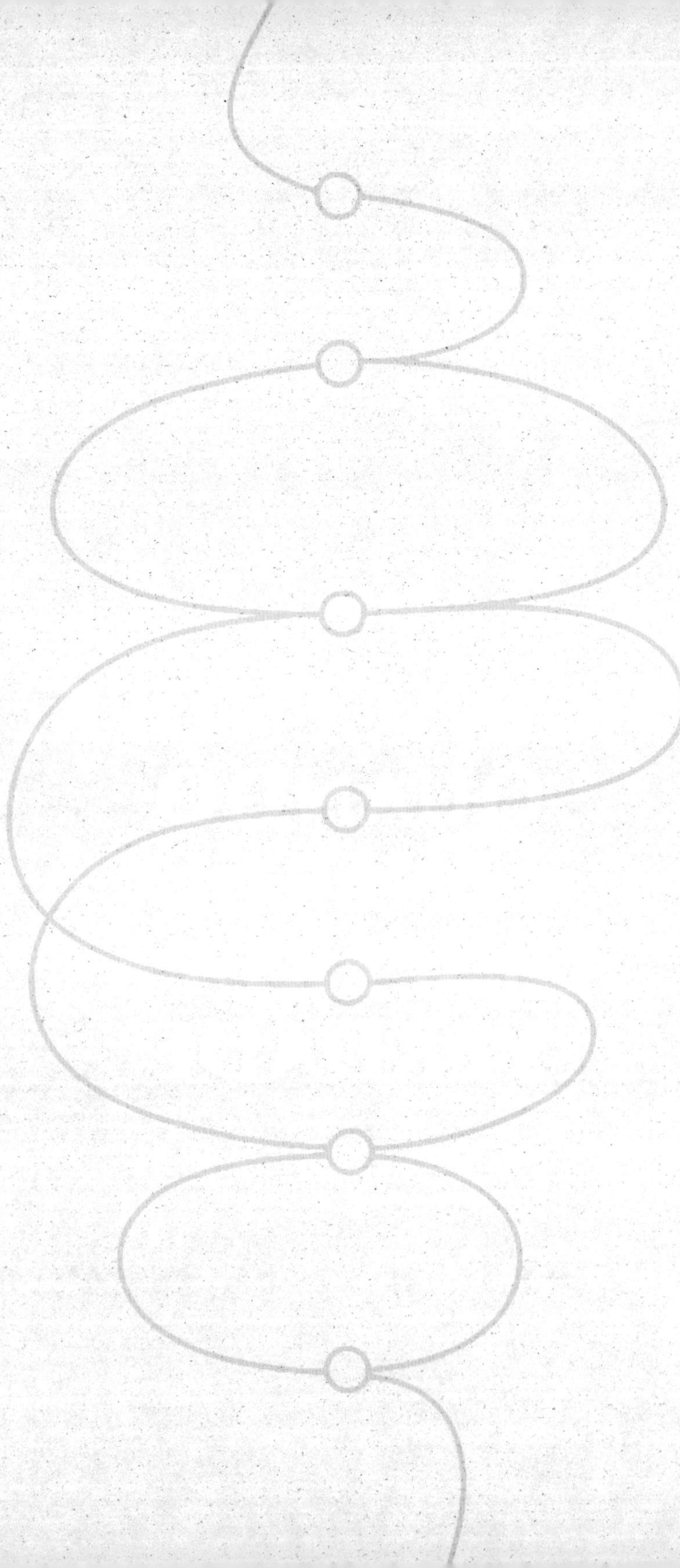

CAPÍTULO 4

O QUE É KUNDALINI?

Antes de despertar, é preciso limpar o caminho. Foi exatamente isso que fizemos até aqui: desmontamos ilusões, dissolvemos camadas de medos. Agora é hora de sentir o que é Kundalini — essa força silenciosa, primitiva e divina que sempre habitou em você.

Eu poderia lhe dizer que Kundalini é uma energia vital, sagrada e criadora — aquela mesma força que forma um corpo humano no ventre, que pulsa por trás de cada inspiração, que sustenta a vida no invisível.

Mas quero ir além da poesia e lhe oferecer algo mais concreto e científico.

Segundo o estudo clínico de Willem Fonteijn, publicado no Journal of Clinical Case Studies, o despertar da Kundalini é reconhecido como um fenômeno neurossomático legítimo, com efeitos profundos sobre o sistema nervoso, o estado emocional e a percepção da existência.

Neste artigo, o autor afirma que esse despertar envolve a ativação de circuitos no sistema nervoso central, resultando em intensas transformações físicas, emocionais e espirituais — que incluem desde alterações respiratórias até sensações de expansão de consciência e estados elevados de presença.

E não, isso não é delírio espiritual. É uma experiência tão legítima que vem sendo estudada por médicos, psiquiatras, psicólogos, terapeutas e cientistas — especialmente por aqueles que reconhecem que nem tudo pode ser explicado só pela razão.

Mas e na prática?

Na prática, Kundalini é uma energia evolucionária, o potencial criativo de todos os seres.

Ela não vem de fora.

Ela já existe em você.

Ela não é inserida, invocada ou importada.

Ela apenas desperta.

Mas essa energia não percorre seu corpo de qualquer jeito. Ela percorre caminhos sutis.

No seu corpo, existem canais invisíveis chamados nadis — são como veias da alma, por onde a energia vital, o (*prana*) circula. E entre todos esses caminhos, três se destacam.

O canal central, chamado *sushumna*, vai da base da sua coluna até o topo da cabeça. É por onde a energia Kundalini sobe quando você está pronto para despertar. Mas para que ela suba de verdade, é preciso que dois outros canais estejam em equilíbrio: *ida e pingala*.

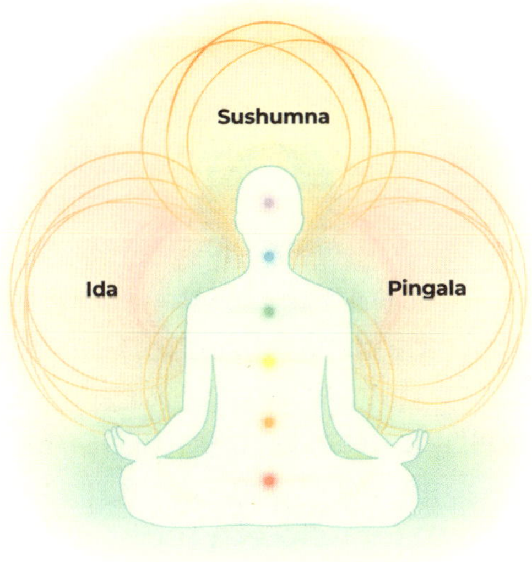

Ida representa a lua, a energia feminina, o lado da introspecção.

Pingala representa o sol, a energia masculina, a ação.

Essas duas forças estão em constante movimento dentro de você — e quando se equilibram, criam uma espécie de dança energética que abre caminho para o despertar.

A imagem é linda: duas cobras entrelaçadas subindo pela coluna, encontrando-se em cada *chakra*, até o topo da cabeça. É essa união que ativa o fluxo mais poderoso que existe: o da sua própria essência.

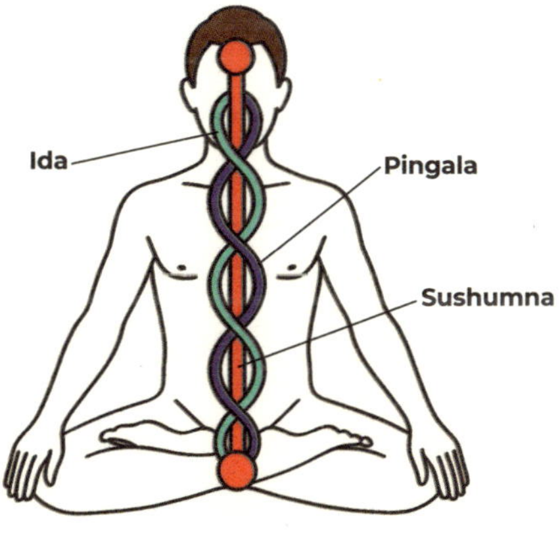

Kundalini não sobe pela força. Ela sobe quando há espaço. Quando há equilíbrio. Quando o corpo, a mente e o espírito decidem caminhar juntos. Por isso, tudo é um processo para despertar.

Como dizemos nas ativações: se há alma, existe Kundalini.

Ela é a força prânica de vitalização. Habita nossa coluna vertebral e, em seu despertar, percorre o caminho subindo, ativando, desbloqueando e equilibrando os sete principais *chakras*. Quando começa a circular, ela ativa nossa força criativa e se manifesta em todos os âmbitos do ser: físico, emocional, mental e espiritual.

Quando a energia desperta, ela traz mudanças. Algumas são suaves. Outras, intensas.

Pode vir um choro sem explicação. Pode vir um calor que vai subindo. Ou até um riso espontâneo. Pode parecer que algo se movimenta por dentro — e é exatamente isso.

Na pesquisa de Fonteijn, os sintomas relatados foram agrupados em categorias físicas, emocionais, cognitivas e espirituais. Entre eles:

CATEGORIA	SINTOMAS
Corpo	Movimentos espontâneos
	Sensações energéticas (quase como uma corrente elétrica) circulando pelas costas e/ou pelos braços e mãos ou, às vezes, armazenada na base da coluna vertebral.
	Tremores e vibrações do corpo
	Formigamento
	Kryas espontâneas (posturas de ioga)
	Sensações de calor e frio
	Ondas de calor no corpo
	Sons e luzes interiores
	Dores em partes específicas do corpo que começam e terminam abruptamente
	Padrões respiratórios anormais
Emoção	Variedade de estados emocionais: êxtase, felicidade, paz, amor, devoção, medo extremo, ansiedade, depressão, ódio e confusão
	Estados de profunda presença, amor ou compaixão
	Sonhos vívidos e sensações de déjà vu
	Hipersensualidade e hipersexualidade
	Liberação ou catarse de sentimentos reprimidos
Cognitivo	Aceleração e desaceleração do processo de pensamento
	Momentos sem nenhum pensamento
	Distorção do processo de pensamento
	Aumento na percepção sensorial e na intuição
	Desapego, dissociação
Espiritual	Observar a si mesmo, incluindo seus pensamentos, como se fosse um espectador
	Experiência de unidade
	Percepção extrasensorial
	Dissolução da mente e do ego
	Equanimidade

A ativação dessa energia mexe nas estruturas. Derruba muros que você nem sabia que existiam.

Convida — ou empurra — você para uma nova versão de si mesmo.

E é por isso que ela pode assustar.

Porque não dá para acordar a Kundalini e continuar dormindo na vida.

Essa energia é sua.

É o seu direito de nascimento.

Ela é a centelha da criação em forma de energia, contraída e adormecida no seu primeiro centro energético, o *Muladhara Chakra*, enrolada como uma serpente, como explica a tradição védica.

Quando começa a subir, ela transforma o potencial cósmico em existência terrena — e a existência terrena em consciência cósmica. Muitas pessoas descrevem a ativação como uma sensação de *"voltar para casa"*.

Porque é isso que acontece quando a energia volta a circular livremente:

Você volta a sentir a sua própria presença. Inteira. Viva. Real.

Como costumo dizer nas ativações:

"O verdadeiro despertar não é quando você vê luzes coloridas — é quando você enxerga sua própria sombra e, mesmo assim, escolhe continuar."

Kundalini é corpo, é mente, é espírito.

É ciência. E também silêncio.

É o que pulsa em você — mesmo quando você se esquece.

E quando você decide lembrar... tudo muda.

REFERÊNCIAS:

CRAWFORD, Quantz. O despertar da Kundalini e os condutos Sushumna, Ida e Pingala. Disponível em: https://www.ippb.org.br/textos/textos-consciencias/o-despertar-da-kundalini-e-os-condutos-sushumna-ida-e-pingala-or-dr-quantz-crawford.

FONTEIJN, Willem. *The Impact of Kundalini Awakening on Personal Life and Psychotherapeutic Practice. Online Scientific* Research, 2021. Disponível em: https://www.onlinescientificresearch.com/articles/the-impact-of-kundalini-awakening-on-personal-life-and-psychotherapeutic-practice.html.

CAPÍTULO 5

A HISTÓRIA QUE (QUASE) NINGUÉM CONTOU

Sabe quando duas pessoas crescem juntas, mas cada uma segue por um caminho diferente? Assim é a relação entre o Yoga Kundalini e a ativação da Kundalini.

Eles não são inimigos. Muito menos opostos. Na verdade, a ativação — como conhecemos hoje — nasceu a partir da mesma fonte.

O Yoga Kundalini é uma prática ancestral, estruturada, com posturas, *kriyas*, mantras e respiração. Yogi Bhajan foi o pioneiro em trazer essa prática ao Ocidente, nos anos 60, tornando possível que milhares de pessoas tivessem acesso a essa prática. Mas, com o tempo, algo novo começou a emergir.

Uma nova forma de despertar sua energia — sem a necessidade de seguir uma rotina rígida, sem a exigência de dominar técnicas, sem dogmas, sem uniforme. Uma forma mais direta, intuitiva e livre.

Essa nova forma é o que hoje chamamos de ativação da Kundalini.

E aqui é importante deixar algo claro: a ativação vem do Yoga Kundalini. É como se, após séculos de tradição, a própria energia tivesse decidido encontrar novas formas de se manifestar. Novas portas. Novos canais. Porque o mundo mudou. As pessoas mudaram. E a consciência também está mudando.

A ativação moderna não surge em oposição ao Yoga. Ela surge em continuidade. Como uma nova trilha que brotou no mesmo campo sagrado. Ainda tocamos a mesma terra. Ainda sentimos a mesma força. Só não seguimos exatamente pelo mesmo caminho.

E isso é evolução.

O que precisa acabar é a ideia de que só existe um jeito "correto" de despertar a energia. De que só quem passou anos em silêncio, num *ashram*, pode dizer o que é ou não é real.

A energia não está presa às tradições. Ela está presa ao seu corpo. À sua alma. E quando ela decide se mover, não pergunta se você decorou todos os mantras.

Neste capítulo, eu quero te mostrar as origens, as diferenças e os pontos em comum entre esses dois caminhos. Para que você compreenda com o coração — e também com a razão — por que a ativação moderna é legítima, viva, e sim: ativa a Kundalini.

DO YOGA À ATIVAÇÃO: A MESMA RAIZ, CAMINHOS DIFERENTES

Durante muito tempo, falar de Kundalini era como falar de um segredo guardado a sete chaves... ou melhor, a sete *chakras*!

Não porque fosse algo obscuro. Mas porque era considerado sagrado demais para ser dito em voz alta.

Na Índia ancestral, os ensinamentos sobre essa energia vital eram transmitidos apenas de mestre para discípulo. Em silêncio. No tempo certo. Longe dos olhos apressados e dos ouvidos curiosos.

Os textos antigos — como os *Upanishads* e os *Tantras* — já falavam dessa força adormecida na base da coluna. Segundo esses ensinamentos, quando essa energia se eleva, ela consegue atravessar os centros sutis (*chakras*), purificando os canais do corpo e conduzindo o ser humano a um estado expandido de consciência.

Para os sábios védicos, esse despertar era o início do verdadeiro autoconhecimento — a revelação da essência divina que habita em cada um de nós. Mas, para acessar isso, acreditava-se que a pessoa precisava estar "pronta". Com disciplina, pureza e entrega.

Foi dentro desse contexto que surgiu o Yoga Kundalini.

Um caminho estruturado, repleto de técnicas: posturas (*asanas*), respirações (*pranayamas*), mantras, *bandhas*, mudras, meditações e *kriyas* que atuam em cada camada do ser. Um sistema de transformação profunda, que exige prática constante e um certo rigor.

Esse Yoga, como mencionado, foi trazido ao Ocidente por Yogi Bhajan, nos anos 60. E foi ele quem fundou a 3HO (Healthy, Happy, Holy Organization) — uma organização que ajudou a espalhar essa prática por vários países, inclusive o Brasil.

Foi transformador. E continua sendo para muitos.

Mas com o tempo, surgiram dúvidas. Algumas pessoas diziam que, mesmo depois de anos praticando, ainda não haviam sentido "a tal energia". Outras relatavam vivências intensas fora das estruturas clássicas — e se perguntavam: *"será que é possível despertar sem seguir todo esse caminho técnico?"*

E foi aí que algo começou a mudar.

A ATIVAÇÃO QUE VEM DE DENTRO

A ativação moderna da Kundalini surgiu como uma resposta vibracional a essa nova consciência coletiva. Ela não nega o Yoga. Ela apenas abre uma nova porta.

Diferente da abordagem tradicional, aqui não há esforço físico. Pois aqui não é sobre "fazer". E sim, sobre permitir. A ativação é uma experiência energética direta. O corpo está deitado, entregue. E a energia começa a se mover de dentro pra fora.

O verdadeiro objetivo além de ativar a energia, é permitir que ela se eleve por todo o corpo, limpando bloqueios, ampliando a percepção e abrindo espaço para uma vida mais conectada, presente e consciente.

Algumas pessoas choram. Outras riem. Algumas sentem calor, outras veem luzes ou lembranças. Algumas só sentem uma paz profunda. Mas o que acontece ali é real e transformador. E sabe o mais bonito? Não precisa saber nada antes. Não precisa ter "nível avançado" de espiritualidade. Você só precisa estar presente. Disposto. Aberto.

Essa ativação pode ser facilitada por profissionais treinados, que sustentam o campo energético. Ou, com formação, pode ser aprofundada de forma autônoma — sempre com respeito e consciência. Mas já adianto: a experiência guiada por um facilitador tem uma potência única, difícil de ser comparada.

Não há mantras obrigatórios, nem poses complexas. A única exigência é a entrega genuína.

Essa nova abordagem tem alcançado milhares de pessoas ao redor do mundo porque ela traz o sagrado de volta para o corpo. Para a vida real. Para o momento presente.

Mas como entender, na prática, o que realmente diferencia o Yoga Kundalini da ativação moderna da Kundalini?

Para que isso fique ainda mais claro, aqui vai uma tabela com as principais diferenças:

YOGA KUNDALINI	ATIVAÇÃO KUNDALINI
Baseado em *kriyas*, mantras, posturas e respiração.	Experiência energética receptiva e espontânea.
Sistematizado por Yogi Bhajan (década de 1960).	Popularizada a partir dos anos 2010 por diferentes facilitadores.
Tradicionalmente praticado com constância e foco técnico.	Pode acontecer já na primeira sessão, com entrega e presença.
Estimula esforço consciente e técnico.	Convida à entrega e ao não controle.
Associado à linhagem da (3HO) e a uma filosofia específica.	Livre de dogmas e aberto a qualquer tradição ou experiência.
O despertar é geralmente visto como um processo gradual.	Possibilita acessos imediatos, mesmo sem preparo técnico.
Ênfase na estrutura, disciplina e tradição.	Ênfase na sensibilidade, presença e fluxo da energia.
Acredita-se que a energia desperte com tempo e dedicação.	A energia pode se manifestar espontaneamente com apoio vibracional.

E O QUE ISSO SIGNIFICA PRA VOCÊ?

Significa que você tem escolha.

Se você ama o Yoga Kundalini, continue. Honre esse caminho. Ele é lindo. Ele transforma. E ele funciona.

Mas se você sente que precisa de algo mais direto, mais sensível, mais acessível... saiba que a ativação moderna é real, poderosa e libertadora.

O que importa não é o nome do método. É a verdade da sua experiência.

A energia não julga o caminho que escolhemos.

Ela só quer voltar a fluir...

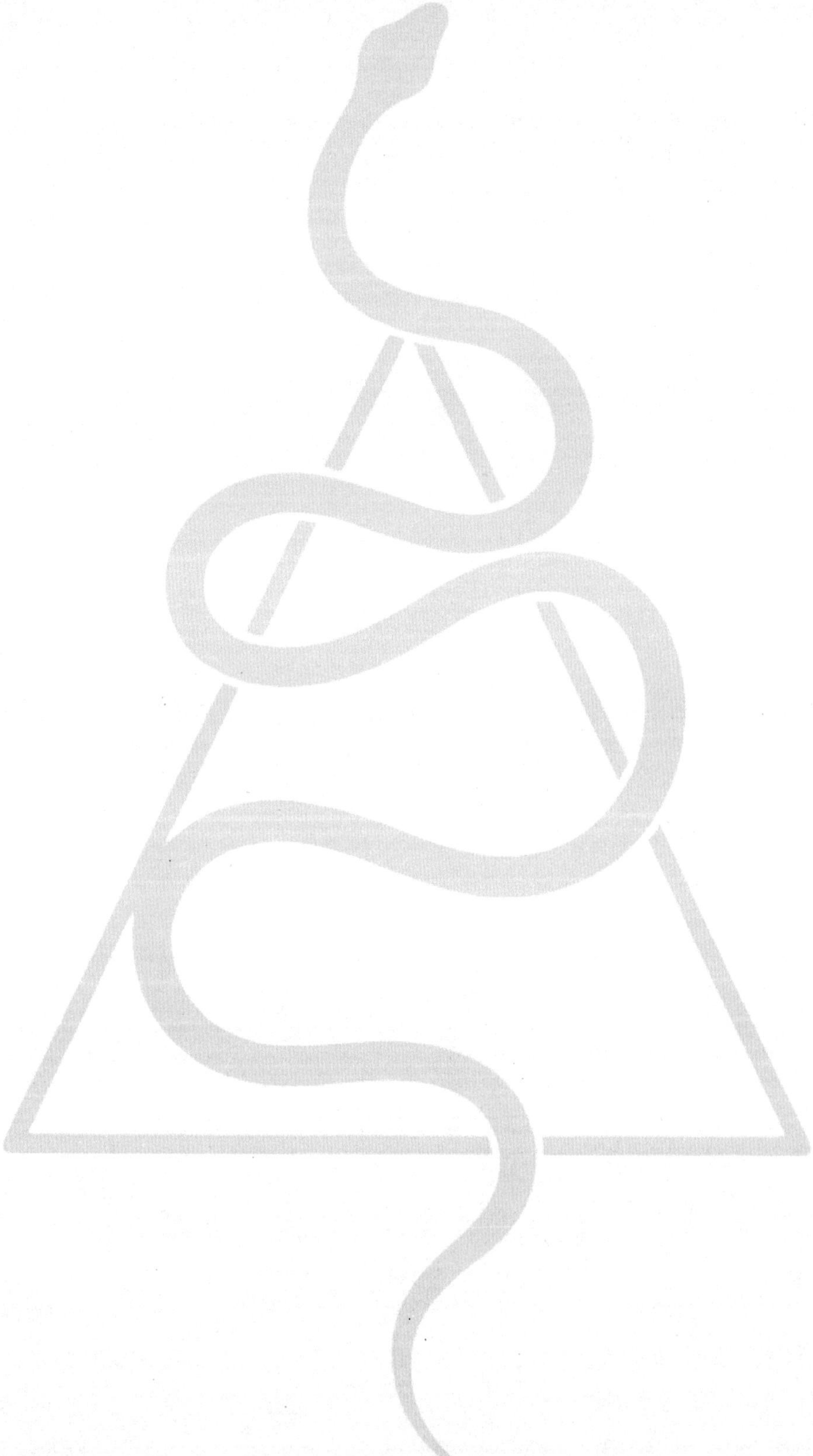

CAPÍTULO 6

A SERPENTE, OS SÍMBOLOS E OS ARQUÉTIPOS

Durante muito tempo, a imagem da serpente causou estranhamento. Em algumas tradições, ela era vista como perigosa, enganadora, algo a ser temido. Mas em muitas culturas antigas, o símbolo da serpente era exatamente o oposto: sabedoria, cura, transformação, renascimento.

É curioso como uma mesma imagem pode carregar sentidos tão diferentes. E é aí que mora a beleza dos arquétipos — imagens universais que tocam algo profundo em nós, mesmo quando não temos palavras para explicar. A serpente, por exemplo, não é apenas um animal. Ela é símbolo do ciclo da vida, da regeneração, da energia vital que se move pelo corpo e da força que desperta e muda tudo ao passar.

No contexto da Kundalini, a serpente enrolada na base

da coluna representa essa energia sutil e poderosa, que, ao ser despertada, sobe pelos *chakras* e transforma quem somos.

A palavra *Kundalini* vem do sânscrito *kundal*, que significa "enrolada como uma serpente". Esse símbolo aparece há milênios — nos *Tantras*, nos *Upanishads*, na medicina indiana, e até mesmo na tradição bíblica, como no episódio em que Moisés ergue uma serpente de bronze no deserto, como símbolo de cura (cf. *Números 21:8-9*).

Mas... por que esses símbolos nos tocam tanto?

O QUE SÃO OS ARQUÉTIPOS?

Arquétipos são padrões universais de comportamento, imagens e emoções que habitam o nosso inconsciente coletivo, conceito desenvolvido pelo psiquiatra Carl Gustav Jung.

Eles aparecem nos mitos, nas religiões, nos sonhos, nas histórias, no cinema, na literatura e nas artes. Toda vez que você reconhece um mocinho, uma heroína, uma mentora sábia ou uma figura sombria e sedutora, você está vendo um arquétipo em ação.

Essas imagens despertam emoções, memórias e potências. São pontes simbólicas entre a consciência e o inconsciente. E sim, é possível ativar um arquétipo conscientemente para despertar forças adormecidas, acessar dons e atravessar fases desafiadoras da vida com mais clareza.

Mas é importante lembrar: os arquétipos mudam. Eles se manifestam de acordo com os desafios e fases que estamos vivendo. Você pode estar agora conectada à energia da Guerreira, e mais adiante ser guiada pela Sacerdotisa. Um arquétipo não é um rótulo fixo — é um reflexo simbólico da sua jornada interior.

Também é possível que um animal de poder acompanhe você por mais tempo, como um guardião simbólico da sua alma. Ele não é um arquétipo no sentido estrito, mas um símbolo espiritual que representa sua força, seu instinto, sua essência.

Mas você precisa saber qual lado está sendo ativado.

O lado luz ou o lado sombra?

Todo arquétipo carrega as duas faces. O lado luz representa as virtudes, os potenciais, o que temos de mais belo. Já o lado sombra é tudo aquilo que rejeitamos, reprimimos ou não queremos enxergar em nós — mas que, quando acolhido, se transforma em sabedoria. De toda forma, somos feitos dos dois.

Por isso, trabalhar com arquétipos não é só brincar com símbolos. É um caminho profundo de autoconhecimento e cura.

A KUNDALINI E OS SÍMBOLOS QUE DESPERTAM

A energia da Kundalini é um convite ao reencontro com o sagrado que habita o corpo. E ela não vem sozinha: ela chega trazendo imagens, símbolos, emoções, memórias, intuições.

Durante uma ativação, é comum surgirem mandalas, cores, tribos, animais ou símbolos arquetípicos. Isso não é invenção. Isso é linguagem da alma.

Reconhecer esses sinais é parte do processo. Eles revelam aspectos inconscientes, ajudam a acessar potenciais esquecidos e podem lhe guiar no momento presente.

Se você desperta, por exemplo, o arquétipo da Afrodite, pode sentir um aumento na autoestima, na sensualidade e na intuição. Mas se cair no excesso, pode surgir vaidade, apego à aparência e desejo constante por aprovação.

Equilíbrio é tudo.

DESMISTIFICANDO IMAGENS

Essa é uma pergunta que só você pode responder. Mas eu lhe convido a observar. Quando você pensa na sua fase atual da vida... que símbolo lhe representa?

- **Um cavalo cheio de força e movimento?**
- **Uma pantera intuitiva e silenciosa?**
- **Um herói pronto para a jornada?**
- **Um flamingo, que caminha em par com o amor e a estabilidade?**

No momento em que escrevo este livro, meu arquétipo, por exemplo, é a Pantera Negra.

A Pantera representa a intuição afiada, a força silenciosa, a proteção firme. Ela aparece quando é preciso confiar nos instintos, mergulhar no invisível e caminhar com presença, mesmo no escuro. Ela me lembra que não preciso rugir para ter poder — só preciso confiar no meu sentir.

Mas é importante lembrar: os arquétipos mudam. Eles dançam entre si, se completam, se revezam ao longo da jornada. Em certos momentos, a Pantera me guia. Em outros, é a Heroína que desperta, ou a Curandeira, ou até mesmo a Rebelde.

Há também arquétipos que nos acompanham por muito tempo — como um animal de poder, um símbolo recorrente da alma —, mas mesmo eles podem silenciar para que outros se revelem.

É assim com todos os arquétipos: eles não são estáticos. São espelhos vivos da alma, e ajudam a despertar o que mais precisa ser curado, ativado ou lembrado.

ALGUNS ARQUÉTIPOS PARA VOCÊ EXPLORAR:

ARQUÉTIPO	LUZ	SOMBRA
O Herói	Superação, força e coragem	Orgulho, rigidez e negação da vulnerabilidade
A Curandeira	Compaixão, cuidado e sabedoria ancestral	Salvadora e esgotamento
A Sacerdotisa	Conexão espiritual e silêncio sagrado	Isolamento
O Rebelde	Transformação e coragem para romper padrões	Impulsividade e autossabotagem
A Mãe	Acolhimento, nutrição e amor incondicional	Controle e anulação de si
O Flamingo	Equilíbrio afetivo, beleza sutil e conexão profunda	Dependência emocional e fuga do conflito

Escolha com consciência. Use com sabedoria.

E lembre-se: a energia da Kundalini se move quando você está inteiro.

O arquétipo certo pode ser a ponte entre a sua alma e o seu renascimento.

REFERÊNCIAS:

JUNG, Carl Gustav. Os arquétipos e o inconsciente coletivo. 9. ed. Petrópolis: Vozes, 2008. 512 p. (Obras Completas de C. G. Jung, v. 9, pt. 1). Tradução de Maria Luiza Appy e Dora Ferreira da Silva. Publicado originalmente em 1954.

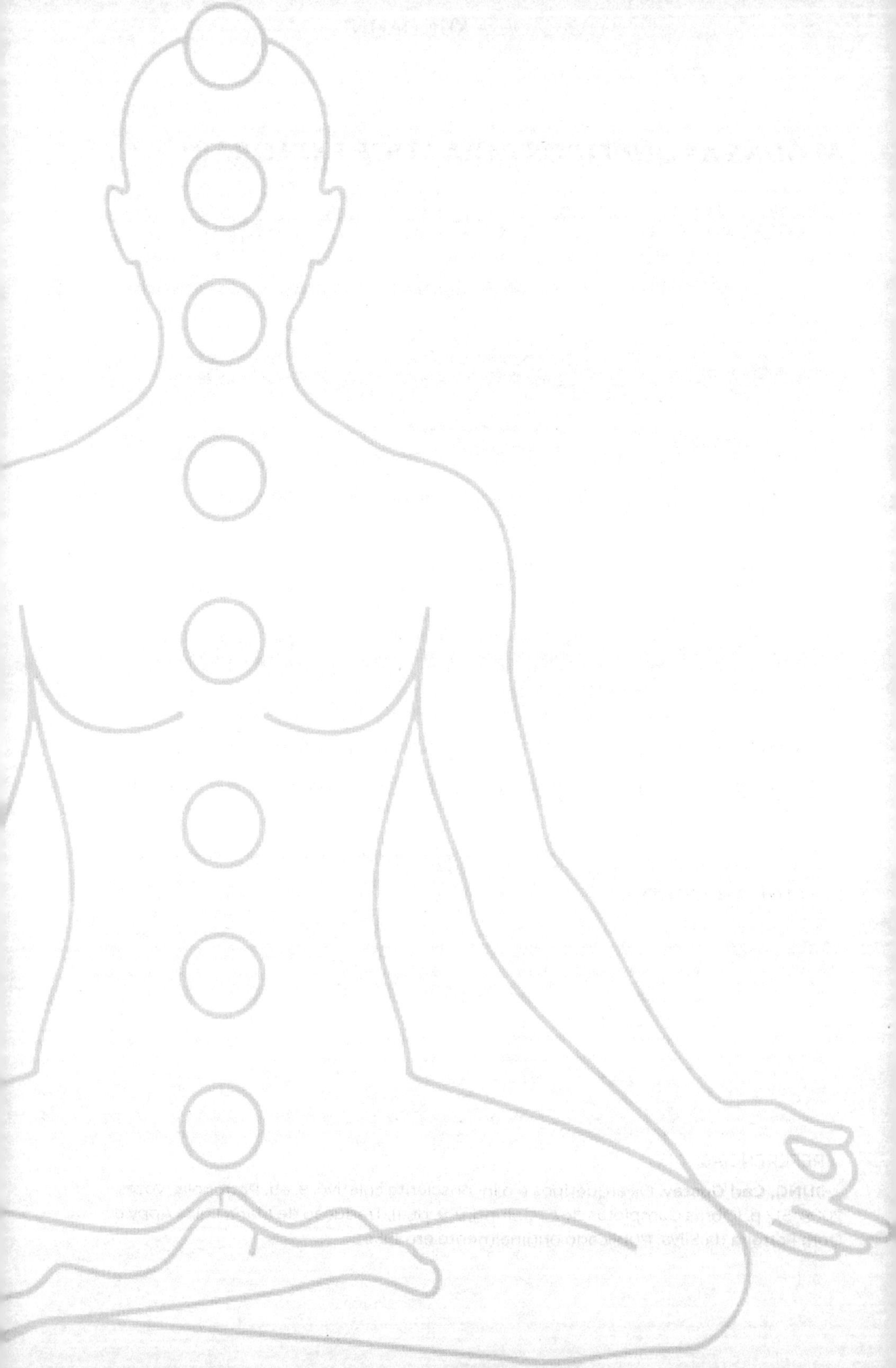

CAPÍTULO 7

CHAKRAS: OS CENTROS DE ENERGIA DA ALMA

Falei até agora sobre energia, sobre ativação, sobre despertar... e talvez você tenha se perguntado:

"Mas o que são exatamente os chakras?"

É chegada a hora de atravessar essa porta com mais profundidade. De compreender como essa energia que pulsa dentro de você se organiza, se comunica e, silenciosamente, o conduz ao seu próprio despertar.

A palavra *chakra* vem do sânscrito e significa literalmente "roda" — uma imagem viva e perfeita desses centros de energia que giram continuamente, como engrenagens sutis, pulsando a vida dentro de nós.

Segundo os ensinamentos védicos e autores como **Anodea Judith**, referência internacional em psicologia energética, os *chakras* são pontes entre corpo e espírito, unindo o físico ao sutil, o emocional ao energético, o biológico ao simbólico.

Quando fluem em equilíbrio, dão origem a estados de saúde, clareza mental e expansão de consciência. Quando bloqueados, manifestam-se como medo, rigidez e dor — no corpo, na mente e na alma.

A ideia de energia sutil que anima o corpo não é exclusiva da tradição indiana. Diversas culturas ao redor do mundo, em diferentes épocas, nomearam essa mesma força com palavras diferentes — todas apontando para o mesmo princípio invisível, mas profundamente presente.

Na Índia, os *Vedas* — escrituras sagradas datadas de cerca de 1500 a.C. — já descreviam os *chakras* e os canais por onde a energia flui, chamados de *nadís*.

O termo prana aparece nos ***Upanishads***, especialmente no *Prashna Upanishad* (RADHAKRISHNAN, 1994), como o sopro da vida, o fio invisível que conecta todas as formas de existência. Esses textos descrevem o corpo humano como um campo de energia viva, em constante movimento — e os *chakras* são os pontos de recepção e transformação dessa força vital.

Na China, essa energia é chamada de *Qi (chi)*, e circula por meridianos energéticos. É a base da acupuntura, do *Tai Chi* e de toda a medicina tradicional chinesa.

No Japão, o mesmo princípio é conhecido como *Ki*, presente em práticas como o *Reiki* (*rei* = espírito, *ki* = energia), técnica de cura energética reconhecida em todo o mundo.

Na Grécia antiga, filósofos como Hipócrates falavam do *pneuma*, o sopro vital. Já os alquimistas medievais chamavam de *éter* ou fluido vital, o quinto elemento que conectava o céu à Terra.

E no Havaí, o termo *mana* refere-se a uma força espiritual presente em tudo — usada para curar, proteger e cocriar.

Culturas distintas, tempos distintos. Mas a mesma essência:

Uma energia sagrada que atravessa tudo.

Anima o corpo.

Expande a mente.

Transforma a alma.

A ATIVAÇÃO DA KUNDALINI E A REDE SUTIL DE ENERGIA

É justamente sobre essa rede sutil de inteligência energética — os *chakras* — que a ativação da Kundalini atua com intensidade. Ao estimular essa força latente, cria-se um movimento de reorganização bioenergética, ampliando o potencial humano em múltiplos níveis.

Durante séculos, o conceito de energia vital parecia restrito a campos filosóficos e espirituais. No entanto, nas últimas décadas, a ciência — especialmente a neurociência, a psiconeuroimunologia e a biofísica — começou a investigar aquilo que as tradições ancestrais já descreviam intuitivamente: a existência de sistemas sutis que interligam mente, corpo e emoção (*JOURNAL OF CONSCIOUSNESS STUDIES*).

Os *chakras*, nessa perspectiva ampliada, podem ser compreendidos como centros de integração entre o sistema nervoso, o sistema endócrino e os campos eletromagnéticos gerados pelo próprio organismo.

O CORPO COMO SISTEMA BIOENERGÉTICO

O ser humano, além de ser um organismo físico, é um sistema eletromagnético altamente sensível. Cada célula, ao realizar suas funções metabólicas, gera microcorrentes elétricas. Tecidos como o sistema nervoso central, o coração e os órgãos endócrinos emitem campos eletromagnéticos mensuráveis, que se propagam além dos limites da pele.

Estudos sobre biofótons, como os de Fritz-Albert Popp (1992), sugerem que as células emitem luz coerente como forma de comunicação energética, o que dialoga com a visão dos *chakras* como emissores e receptores de informação sutil.

Além disso, o Instituto HeartMath demonstrou que o coração, por exemplo, gera o maior campo eletromagnético do corpo humano, sincronizando-se com o cérebro e influenciando estados emocionais e cognitivos. Esse campo cardíaco, altamente dinâmico, ressoa com os processos de coerência emocional — um conceito intimamente ligado ao equilíbrio dos *chakras* superiores e inferiores.

A NEUROCIÊNCIA DO DESPERTAR

O que chamamos de despertar da Kundalini pode ser visto como um processo de reorganização neurofisiológica, pois:

- Aumenta a atividade de ondas gama (acima de 40 Hz), associadas à percepção de unidade e consciência expandida (**GOLEMAN & DAVIDSON, 2017**).
- Altera a conectividade do default mode network (DMN) — rede cerebral associada ao ego e ao diálogo interno, frequentemente silenciada durante estados meditativos avançados.
- Libera neurotransmissores como serotonina, dopamina e ocitocina, promovendo estados de bem-estar, transcendência e conexão.

- Estimula potencialmente a glândula pineal, rica em cristais de apatita, sugerido como possível interface biológica com estados de percepção ampliada (**STRASSMAN, 2001**).

A ativação da Kundalini, dentro dessa visão integrada, deixa de ser um fenômeno místico isolado — e passa a ser compreendida como uma real reorganização bioenergética, neuroquímica e consciencial.
Um salto de complexidade interna capaz de expandir a percepção, a saúde integral e o potencial humano de forma mensurável (**DISPENZA, 2017**).

OS CHAKRAS EM SUA FUNÇÃO INTEGRAL

Cada *chakra* rege aspectos específicos da nossa vida — da segurança à espiritualidade, da sexualidade à comunicação, do amor ao despertar da consciência.

Esses centros não são apenas simbólicos: estão diretamente conectados a glândulas endócrinas, órgãos vitais e funções psicoemocionais. Quando estão em desequilíbrio, a energia vital deixa de circular com fluidez — e isso pode se manifestar como medo, cansaço, doenças físicas, bloqueios emocionais ou crises existenciais.

A ativação dos *chakras* vai além de uma ideia abstrata sobre energia.

É o renascimento do corpo, o refinamento da alma e a expansão da consciência.

Cada um desses vórtices atua como uma estação vibratória, recebendo, filtrando e distribuindo energia vital. Unidos por canais sutis chamados *nadís*, formam uma rede luminosa e inteligente, que pulsa em resposta aos nossos pensamentos, emoções e decisões mais íntimas.

É por essa rede que a Kundalini — a força primordial da vida — ascende.

Sua jornada lembra a dança de uma serpente sagrada: sutil, silenciosa, viva, poderosa.

A ESCADA DA CONSCIÊNCIA: OS SETE CHAKRAS PRINCIPAIS

Os sete *chakras* principais alinham-se como uma escada sutil ao longo da coluna vertebral, transitando do mais denso ao mais elevado.

Cada um carrega um karma, uma função biológica, um código energético, uma cor específica, uma frequência sonora (*bija mantra*), um ensinamento arquetípico — e, acima de tudo, uma lição profunda para a evolução da alma (**AR YOGA, 2011**).

Pois não existe verdadeira evolução espiritual sem atravessar as próprias camadas internas.

Os *chakras* além de centros energéticos. São espelhos. São mestres. São portas. E, a cada porta aberta, reencontramos fragmentos de quem realmente somos — inteiros, plenos e conscientes.

Chakra	Sânscrito	Local	Cor	Elemento	*Bija Mantra*	Função Energética
Raiz	*Muladhara*	Base da coluna		Terra	*LAM*	Segurança, sobrevivência e conexão com a Terra.
Sacral	*Swadhisthana*	Abaixo do umbigo		Água	*VAM*	Emoções, prazer, criatividade, sexualidade.
Plexo Solar	*Manipura*	Região do estômago		Fogo	*RAM*	Poder pessoal, autoestima e ação.
Cardíaco	*Anahata*	Centro do peito		Ar	*YAM*	Amor, compaixão, perdão e equilíbrio emocional.
Laríngeo	*Vishuddha*	Garganta		Éter	*HAM*	Comunicação, expressão, verdade e escuta.
Frontal (3º Olho)	*Ajna*	Entre os olhos		Luz	*OM (ou AUM)*	Intuição, visão interior e percepção sutil.
Coronário	*Sahasrara*	Topo da cabeça		Consciência	*Silêncio (sem mantra)*	Conexão com o divino e iluminação espiritual.

O Chamado Silencioso

O desbloqueio dos *chakras* não é um evento místico que acontece fora de nós — é um processo vivo, contínuo, que se desdobra na escuta do corpo, na cura das emoções, na escolha consciente de estar presente.

Cada vez que você olha para dentro, acolhe suas sombras, honra sua verdade e se permite expandir... um *chakra* se move. Uma energia se realinha. Um véu se dissolve.

A Kundalini, essa serpente sagrada adormecida, desperta quando há espaço para ela fluir. Ela não rompe, ela dança. Ela não invade, ela convida.

E o convite é claro: desperte para quem você realmente é.

Ao subir, essa energia toca cada um dos sete centros principais. E cada toque é um chamado:

- **Para enraizar *(Muladhara)***
- **Para sentir e criar *(Swadhisthana)***
- **Para reconhecer sua força *(Manipura)***
- **Para amar e ser amado *(Anahata)***
- **Para falar sua verdade *(Vishuddha)***
- **Para enxergar além *(Ajna)***
- **Para se fundir com o Todo *(Sahasrara)***

Não há evolução espiritual sem alma. Não há despertar sem afeto. Não há expansão sem consciência. E, sobretudo: não há verdadeira ascensão sem coragem.

Os *chakras* não se abrem por fórmulas mecânicas, nem por repetições de *mantras*. Eles se abrem na presença. Na entrega genuína. No ato de escolher, a cada instante, atravessando tudo aquilo que antes era evitado.

Quando um *chakra* se desequilibra, ele não falha.

Ele apenas sussurra: *"Olhe para mim. Aqui há algo não vivido. Algo que pede sua atenção."*

A energia, quando estagna, não castiga — ela orienta, mostrando com precisão o ponto em que interrompemos o fluxo natural da vida.

Por isso, costumo dizer: este caminho não é sobre controle, e sim sobre permissão. Permissão para sentir. Permissão para soltar o que pesa. Permissão, sobretudo, para ser inteiro.

O caminho interior é, antes de tudo, o caminho de volta para casa.

Desbloquear os *chakras* não é um exercício intelectual, não é decorar nomes, símbolos ou cores. É um convite vivo para encarnar essa energia. Para permitir que ela transborde da teoria para a prática da vida diária. Para deixar que o corpo vibre novamente em seu estado original de harmonia.

Talvez o aspecto mais belo dos *chakras* seja exatamente este: Eles sempre estiveram em você — silenciosos, constantes, esperando o momento em que você escolheria voltar a si mesmo.

E, quando essa volta finalmente acontece, a energia se torna alinhada, sua existência desperta e sua vida finalmente pulsa no compasso exato da alma.

No fundo, o despertar não é um evento distante. É um chamado sutil, que na alma já conhece, mas o ego tenta adiar. É o som silencioso que ecoa no coração sempre que respiramos com presença, sempre que escolhemos sentir, ao invés de fugir.

Os *chakras* são as portas. A Kundalini é a força. Mas você é o próprio caminho. O despertar não exige que você se torne algo que ainda não é. Exige apenas que você se permita lembrar quem sempre foi.

Porque, no instante em que o fluxo se restabelece, no momento em que a energia volta a dançar em você, não é somente o corpo que vibra. É a vida inteira que volta a pulsar em seu ritmo natural.

É o reencontro com a sua potência original.

É o retorno definitivo ao seu estado mais puro: consciência viva.

REFERÊNCIAS:

JUDITH, Anodea. *Rodas da Vida: Uma Jornada Através dos Chakras*. São Paulo: Pensamento, 2006.

UPANISHADS. *Prashna Upanishad.* In: Radhakrishnan, *S. The Principal Upanishads.* HarperCollins, 1994.

YOGATERIA. *Os 7 Chakras: o que são e como equilibrá-los.* Disponível em: https://yogateria.com.br/os-7-chakras.

AR YOGA. *Bija Mantras: the sounds of the Chakras — Lam, Vam, Ram, Yam, Ham, Om.* 2011. Disponível em: http://ar-yoga.com/2011/10/bija-mantras-the-sounds-of-the--chakras-lam-vam-ram-yam-ham-om/.

POPP, Fritz-Albert. *About the coherence of biophotons.* In: Popp, F. A.; Li, K. H.; Gu, Q. (org.). *Recent Advances in Biophoton Research and Its Applications.* Singapore: World Scientific, 1992. p. 1–29.

DISPENZA, Joe. Sobrenatural: como pessoas comuns estão fazendo coisas incomuns. São Paulo: HarperCollins Brasil, 2019. (Original: Becoming Supernatural, 2017.)

GOLEMAN, Daniel; DAVIDSON, Richard. Traços alterados: a ciência revela como a meditação transforma a mente, o cérebro e o corpo. São Paulo: Objetiva, 2018. (Original: Altered Traits, 2017.)

RADHAKRISHNAN, Sarvepalli. The Principal Upanishads. New Delhi: HarperCollins, 1994.

STRASSMAN, Rick. DMT: The Spirit Molecule: a doctor's revolutionary research into the biology of near-death and mystical experiences. Rochester: Park Street Press, 2001.

HEARTMATH INSTITUTE. Science of the Heart: exploring the role of the heart in human performance. Boulder Creek: HeartMath Institute, 2016.

JOURNAL OF CONSCIOUSNESS STUDIES. Publicações diversas. Brighton: Imprint Academic, 1994–. Disponível em: https://www.imprint.co.uk/product/jcs/

https://www.youtube.com/watch?v=i1Bxa2v3MXw&t=251s&ab_channel=ThaisGalassi

CAPÍTULO 8

FREQUÊNCIA: A CIÊNCIA DA ENERGIA

Já sentiu que cada som, cada pensamento, cada emoção, cada gesto reverbera dentro de você? Isso porque tudo é vibração — desde o átomo mais sutil até o universo inteiro. Frequência é o pulso da existência, a assinatura energética que cada ser carrega.

Quando a Kundalini se ativa e os *chakras* se alinham, algo importante acontece: sua frequência muda, tornando-se um padrão coerente de vibração, no qual corpo, mente e emoção ressoam como um só. Esse alinhamento interior começa a refletir no exterior: sincronicidades, saúde, criatividade, intuição e harmonia se tornam presença constante.

Mas você já se perguntou o que cada frequência quer lhe dizer?

O Dr. David R. Hawkins, em *"Power vs. Force"* (1995), propõe uma escala vibracional da consciência, num espectro de 1 a 1.000, em que cada nível corresponde a um estado interior.

- **Frequências baixas** (abaixo de 200 Hz), como orgulho, raiva, medo e tristeza, drenam energia e nos mantêm presos a padrões limitantes.
- **Frequências médias** (200 a 400 Hz), como coragem, aceitação e raciocínio, trazem estabilidade, crescimento e maturidade emocional.
- **Frequências elevadas** (acima de 500 Hz), como amor, alegria, paz e iluminação são estados de união, transcendência e expansão máxima. Cada avanço na escala tem impacto exponencial na vida: elevar-se um pouco já modifica o campo inteiro.

Escala de Consciência (Dr. David R. Hawkins)

NÍVEL DE CONSCIÊNCIA	EMOÇÃO DOMINANTE	FREQUÊNCIA APROXIMADA
Iluminação	Inefável	700-1.000 Hz
Paz	Serenidade	600 Hz
Alegria	Êxtase	540 Hz
Amor	Reverência	500 Hz
Razoabilidade	Compreensão	400 Hz
Aceitação	Perdão	350 Hz
Disposição	Otimismo	310 Hz
Coragem	Afirmatividade	200 Hz
Orgulho	Desdém	175 Hz
Raiva	Ódio	150 Hz
Medo	Ansiedade	100 Hz
Tristeza	Desespero	75 Hz
Culpa	Condenação	30 Hz
Vergonha	Humilhação	20 Hz

A energia da Kundalini geralmente começa a se manifestar a partir da frequência da coragem, que, segundo o Dr. David R. Hawkins, está em (200 Hz). Esse nível é considerado o limiar entre estados de consciência contraídos (como medo, culpa e raiva) e estados de expansão.

A partir da coragem, o ser humano passa a sair da reatividade e da vitimização e começa a cocriar conscientemente a sua realidade.

Acima de 200 Hz, especialmente nos níveis de aceitação (350 Hz), amor (500 Hz) e alegria (540 Hz), a energia da Kundalini tende a ascender com mais fluidez, reorganizando o sistema físico, emocional e espiritual.

As emoções são indicadores precisos de frequência vibracional: tristeza, medo e culpa estagnam a energia. Já amor, gratidão e paz elevam, reorganizam e curam. Escolher sentir com frequência mais alta não é ignorar a sombra — é iluminar e transmutar, criando espaço para a cura e o renascer.

Tanto a psiconeuroimunologia quanto a física energética apontam que nossas células emitem microcorrentes e luz coerente (biofótons), refletindo o estado vibracional interno. O coração, em coerência, ressoa com o cérebro e amplifica a inteligência emocional.

Alinhar a frequência gera sinfonia interna e acelera a manifestação na vida concreta. Na prática, quando você eleva sua frequência:

- **Surgem sincronicidades:** o mundo responde com sinais, encontros e oportunidades alinhadas;
- **A saúde melhora:** padrões energéticos harmônicos ativam a regulação neuroquímica e fortalecem o sistema imunológico;
- **A intuição se intensifica:** vibrações elevadas abrem canais sutis;
- **Os relacionamentos mudam:** conexões baseadas em amor, respeito e troca genuína tornam-se naturais.

Após a ativação, traumas antigos podem ficar mais claros, porém sem o peso e a dor do acontecimento, e sim para a consciência de cura, porque, energeticamente, isso está se desprendendo do seu campo energético. Agora, eles são vistos como oportunidades de transmutar a frequência.

A Kundalini proporciona ressonância interior. Quando trabalhada, ela liberta e redefine a frequência do trauma, transformando o peso em aprendizado e a dor em potência.

Cada respiração, pensamento e escolha reescrevem sua assinatura vibracional. Ao abrir espaço para frequências mais altas, você, além de atrair — você exemplifica.

A frequência é, afinal, a linguagem da alma — e, quando alinhada, transforma tudo ao redor. O corpo desperto pulsa num padrão vibracional que transborda possibilidades.

Que este seja o seu convite para viver sintonizado com o que te eleva. Para confiar no invisível que vibra em você. Para lembrar que tudo aquilo que parece distante, já vive em você — esperando o seu sim.

E, quando esse sim é dado, algo muda para sempre: você deixa de buscar — e começa a ressoar. Você se torna casa para aquilo que antes parecia fora de alcance.

Você é frequência, vibração e consciência viva em constante expansão.

Sempre ouça o que o universo quer falar para você.

REFERÊNCIAS:

HAWKINS, David R. Power vs. Force: the hidden determinants of human behavior. Sedona: Veritas Publishing, 1995.

AROGYA YOGA SCHOOL. Understanding the vibrational frequency chart. Disponível em: https://www.arogyayogaschool.com/blog/vibrational-frequency-chart/.

HEARTMATH INSTITUTE. Página institucional. Disponível em: https://www.heartmath.org/.

PARTE 3

INTEGRANDO PRÁTICA, RESULTADO E CONSCIÊNCIA

CAPÍTULO 9

A ATIVAÇÃO: EXPERIÊNCIAS, TRANSFORMAÇÕES E PREPARO CONSCIENTE

Chegamos ao ponto em que o saber se transforma em ser.

Se até aqui atravessamos portais de compreensão, ativação e despertar, agora é hora de ancorar. De deixar tudo o que foi vivido — dentro e fora — se organize num novo estado de presença.

É aqui que a energia encontra direção. Que a consciência, antes sutil, começa a se manifestar no cotidiano: no gesto, na escuta, na escolha e na vibração que carregamos ao acordar.

A ativação não se completa num momento isolado. Ela se confirma na vida que você passa a viver depois.

É nas relações, no corpo que muda, nas respostas que antes vinham do medo e agora nascem do amor.

É no silêncio, onde antes havia caos.

Na confiança, onde antes morava a dúvida.

Fazer essa integração é o mesmo que costurar céu e terra dentro de si.

É permitir que o invisível toque o visível com leveza, mas também com firmeza.

É transformar o fluxo de energia em clareza de propósito.

Aqui, e nos próximos capítulos, lhe convido a praticar.

A reconhecer sua própria maneira de sustentar o estado de consciência que despertou.

A perceber que frequência elevada não é sobre euforia constante — mas sobre coerência, alinhamento e concentração.

E eu sei que você deve estar se perguntando:

"Mas afinal, o que acontece durante a ativação da Kundalini?"

"Como funciona esse processo?"

"Por que cada pessoa reage de forma diferente?"

E talvez o mais importante:

"Como me preparar para viver essa experiência com segurança, entrega e consciência?"

Bem, como vimos até aqui, a ativação da energia Kundalini, por ser nosso ponto de virada, ela pode despertar sensações sutis e alterar nosso estado de consciência. Além disso, trata-se de um fenômeno bioenergético, psicoespiritual e existencial. E, por isso, cada ser humano vive essa jornada de maneira única.

Alguns sentem calafrios ou tremores suaves no corpo. Outros experimentam visões, emoções profundas ou um choro involuntário. Há quem sinta expansão no coração, pulsações na cabeça ou um calor na base da coluna. Há quem não sinta quase nada durante a experiência, mas perceba mudanças radicais nos dias seguintes.

Tudo está certo. Tudo é resposta.

A ativação não segue uma receita. Ela segue a sabedoria do corpo. Essa energia não invade, não agride e não exige. Ela apenas se manifesta onde há espaço. Por isso, quanto mais relaxamento, menos controle e mais entrega consciente, mais potente e harmônico será o processo.

COMO FUNCIONA A ATIVAÇÃO?

Antes de iniciarmos o processo de ativação, gosto sempre de explicar de forma clara e acolhedora o que é Ativação da Kundalini, e o que a pessoa pode esperar. Esse momento é essencial para trazer segurança, confiança e presença.

A ativação da Kundalini pode acontecer tanto online quanto presencialmente. Logo no início, deixo claro que esse é um processo seguro: ninguém passa mal durante a ativação. Pelo contrário, quanto mais a pessoa estiver conectada ao momento presente, mais facilmente conseguirá sentir a energia fluindo por todo o seu corpo.

Durante o processo, utilizo uma *playlist* cuidadosamente escolhida. É importante ressaltar que não são as músicas que provocam a ativação. A função delas é apoiar: auxiliar na indução das ondas cerebrais, harmonizar a frequência de cada *chakra* e criar um campo sonoro que favoreça a expansão energética.

Depois das orientações iniciais, a pessoa deita confortavelmente em um colchonete, com os olhos vendados, permitindo-se relaxar profundamente. A música começa a tocar e, nesse instante, eu abro o campo energético de cada participante. Esse é um momento essencial: ao abrir o campo, inicio o processo para que a energia da Kundalini possa fluir com segurança, intensidade e naturalidade. É através dessa abertura que a ativação acontece de forma organizada, protegida e profunda. Por isso, é fundamental que o facilitador saiba como abrir e sustentar esse campo com consciência, criando um espaço seguro onde cada pessoa possa se entregar ao processo sem medo, permitindo que a energia desperte e se expanda.

Em alguns momentos, posso realizar toques sutis e delicados em pontos energéticos específicos, geralmente associados aos *chakras*. Esses toques não são invasivos, mas sim um apoio suave que ajuda a liberar bloqueios e a permitir que a energia circule de forma mais natural. Quando percebo que em determinada região a energia não está fluindo como deveria, utilizo esses pequenos estímulos para restaurar o movimento vital.

Durante a ativação, cada pessoa vivencia a experiência de forma singular: algumas sentem a energia subindo com intensidade pelo corpo, outras percebem frio ou calor; há quem sinta a necessidade de mover o corpo, como se esse movimento fosse parte da liberação de bloqueios internos. Muitas vezes surgem visões de símbolos, mandalas, cores, memórias de infância ou até de outras vidas, assim como conexões profundas com ancestrais, mentores espirituais ou entes queridos que já não estão nesta dimensão. Algumas pessoas recebem mensagens, outras simplesmente sentem a vibração e a expansão energética.

E há também quem não sinta nada de imediato. Isso pode ocorrer por diferentes motivos: excesso de ansiedade, expectativas muito altas ou bloqueios energéticos mais profundos. Mas é fundamental compreender: independente do que a pessoa sente ou não sente, a ativação acontece. O chamado interior já foi respondido, e só o fato de estar ali, entregue ao processo, garante que a energia tenha sido despertada.

A partir do momento em que a Kundalini começa a se mover, esse despertar se torna um caminho sem volta. Cada ativação promove uma limpeza energética profunda: libera traumas, equilibra o campo sutil, dissolve crenças e bloqueios armazenados no DNA, corta conexões distorcidas com pessoas e lugares que já não fazem mais sentido, e abre espaço para novas frequências.

Cada sessão é como um portal que se abre dentro de você. Uma vez atravessado, nada permanece igual. A cada ativação, a Kundalini amplia ainda mais esse fluxo, elevando sua consciência e transformando profundamente a sua vida.

A energia latente na base da coluna — Kundalini — começa a se mover quando encontra um campo favorável: segurança emocional, intenção clara e ambiente energeticamente propício.

Essa ativação pode ser espontânea, mas também pode ser facilitada por um método, como o Yoga Kundalini ou por transmissão energética consciente (como é o caso do Método AKE, desenvolvido por mim).

Ao ser ativada, a Kundalini sobe pela coluna vertebral, tocando cada *chakra* e liberando bloqueios energéticos, memórias emocionais e padrões inconscientes. Essa "subida" não é necessariamente linear nem rápida. Em muitos casos, é um processo que leva dias ou até semanas para se completar.

O corpo sabe o ritmo certo.

A ativação não termina quando a música para ou quando o corpo silencia. Ela inicia um processo de integração que continua por dias — às vezes por semanas.

Muitas pessoas relatam que os efeitos mais profundos não vêm durante a sessão, mas nos dias que se seguem. É como se o corpo, a mente e o campo energético precisassem de um tempo para reorganizar tudo o que foi despertado.

Abaixo, você encontra um mapa simbólico das fases que costumam ocorrer após a ativação. Não é uma regra, mas um parâmetro possível para reconhecer os seus próprios ritmos:

FASE	DURAÇÃO ESTIMADA	EXPERIÊNCIAS RELATADAS
Imediata	1–3 dias	Sensação de profunda paz, corpo mais leve e mente silenciosa.
Período de integração	4-10 dias	Sonhos reveladores, *insights*, emoções afloradas e compreensões súbitas.
Estabilização inicial	10-20 dias	Emoções mais estáveis, clareza mental e reorganização do cotidiano com novos olhares.
Nova ativação possível	Após 20 dias	O campo energético costuma estar mais integrado e preparado para uma nova ativação, se desejar.

Após a ativação da Kundalini, o processo de transformação continua, mesmo que em silêncio.

A primeira fase costuma ocorrer entre 1 e 3 dias após a experiência, e muitas pessoas descrevem esse momento como um estado de paz profunda — uma calma tão intensa que lembra o efeito de um relaxante natural.

O corpo se sente mais leve, a mente desacelera, e há uma sensação de alívio generalizado, como se algo finalmente tivesse se assentado dentro de si.

Nos dias que se seguem, especialmente entre o quarto e o décimo dia, inicia-se o que chamamos de período de integração. É nesse momento que os efeitos mais sutis começam a se manifestar. Várias pessoas relatam sonhos vívidos, repletos de mensagens simbólicas, além de *insights* repentinos e emoções afloradas.

É como se as peças internas começassem a se encaixar de maneira surpreendente, e "fichas" importantes finalmente caíssem.

A partir do décimo dia e até por volta do vigésimo, inicia-se a fase de estabilização inicial. Aqui, a energia ainda está atuando, mas com mais suavidade. As emoções se tornam mais estáveis, a clareza mental aumenta e o cotidiano começa a ser reorganizado com novos significados. É quando muitas pessoas percebem que algo mudou — mesmo que tudo ao redor pareça igual.

Por fim, após cerca de 20 dias, o corpo energético costuma estar mais harmonizado, abrindo espaço para uma nova ativação, caso a pessoa deseje continuar aprofundando sua jornada. Para a ativação não há pressa. Esse ciclo deve ser respeitado e sentido. E, quando se vive com presença, cada etapa revela sua sabedoria.

Saber disso é como receber um mapa; porém, o caminhar ainda será um ato íntimo.

Respeite seus ritmos, honre seu corpo, acolha seus sonhos. A ativação é o portal, mas a jornada é sua.

E talvez o maior milagre de todos seja perceber: a verdadeira transformação não grita — ela sussurra.

No cotidiano, na calma e na coragem de ser novo sem ter mudado nada por fora... mas tudo por dentro.

O QUE PODE ACONTECER NA ATIVAÇÃO?

- Movimentos espontâneos do corpo (sacudidas, balanços, mudras);
- Emoções intensas vindo à tona para serem acolhidas;
- Sensibilidade ampliada à luz, som ou toque;
- Sensação de unidade, paz ou expansão de consciência;
- Recordações inesperadas ou compreensões profundas;
- Silêncio interior e estado meditativo espontâneo.

POR QUE CADA PESSOA REAGE DE FORMA DIFERENTE?

Porque cada corpo é único. Cada história, cada trauma, cada nível de consciência e entrega define como essa energia se expressa.

E, a cada ativação realizada, o processo é sempre algo inédito a ser vivido.

E isso é lindo. A ativação da Kundalini é uma experiência de individualidade espiritual.

Não se compara. Se vive.

COMO SE PREPARAR PARA SUA PRIMEIRA ATIVAÇÃO

ANTES	DURANTE	DEPOIS
Hidrate-se bem no dia anterior.	Vista roupas confortáveis.	Beba água, alimente-se com suavidade.
Evite alimentação pesada e excesso de estímulo (notícias, telas, discussões).	Deite-se com a coluna ereta.	Caminhe descalço se puder, ancore-se.
Durma bem, mesmo que por poucas horas.	Feche os olhos e permita.	Escreva sobre o que sentiu.
Tenha uma intenção clara: "Estou aqui para me lembrar quem sou."	Se vierem movimentos, não bloqueie.	Repouse. O corpo vai continuar integrando por dias.
Escreva suas expectativas e entregue-as.	Se vierem emoções, não julgue. Se não vier nada, confie.	Compartilhe se desejar, mas não se compare.

UM MERGULHO CONSCIENTE

A ativação não é um show. É uma iniciação. E, como toda iniciação, pede respeito, entrega e escuta interior.

Prepare-se com amor. A energia sabe o caminho. Tudo o que você precisa é abrir espaço para ela passar.

E, quando ela passar, que você possa recebê-la com reverência, como quem reencontra uma parte esquecida de si.

Porque é exatamente isso que a ativação é: um reencontro com a sua potência original. Ela não chega para provar nada. Chega para lembrar. Lembrar que há uma inteligência viva dentro de você. Lembrar que o silêncio também cura.

Que o corpo sabe. Que a alma grita baixinho. E que você pode confiar nesse chamado. Que o corpo sabe. Que a alma grita baixinho. E que você pode confiar nesse chamado.

Talvez você chore.

Talvez ria.

Talvez não sinta nada de imediato — e, mesmo assim, tudo esteja acontecendo.

Não julgue a experiência. Viva. Permita.

A ativação é uma semente plantada no seu campo.

E, como toda semente, precisa de tempo, cuidado e sol interior.

Ela floresce no seu ritmo.

No seu tempo.

No seu solo.

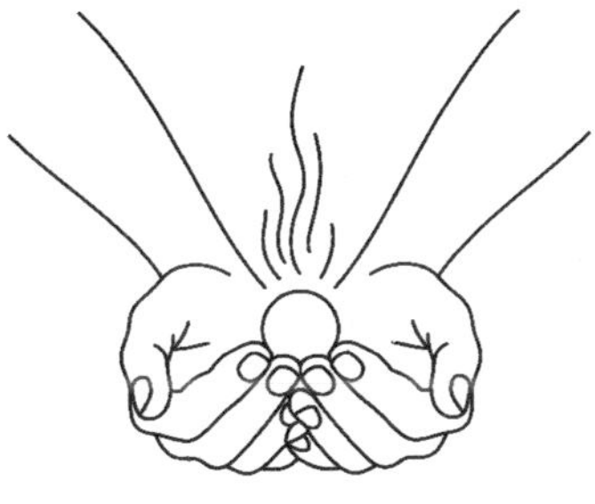

CAPÍTULO 10

A CURA COMEÇA AQUI: SINTOMAS, BENEFÍCIOS E RESULTADOS APÓS A ATIVAÇÃO

Nem toda cura começa num consultório. Algumas começam no silêncio do corpo e no sussurro da alma. A ativação da energia Kundalini não é o fim de uma jornada, mas o início de algo muito maior. As transformações que acontecem não seguem um roteiro.

Pois nossa energia não copia, ela cria.

E, para algumas pessoas, o processo pode ser leve como um sopro de vento. Para outras, intenso como uma tempestade interna. Mas, em todos os casos, há um realinhamento profundo acontecendo — mesmo quando os olhos não veem.

As reações físicas, emocionais, mentais e espirituais após a ativação variam conforme a história de cada pessoa, seu nível de entrega e a estrutura de seu campo energético.

Não são efeitos colaterais, mas manifestações de cura. O corpo começa a liberar tensões acumuladas, a mente dissolve bloqueios inconscientes, padrões antigos, e a alma encontra espaço para se expandir.

Relatos clínicos e estudos de neurociência apontam que práticas de estados alterados de consciência — como a meditação profunda, o transe e as ativações energéticas — ativam áreas cerebrais relacionadas à percepção, à memória afetiva e a estados de presença ampliada.

Pesquisadores como Andrew Newberg e Roland Griffiths, observaram em estudos com meditantes e experiências místicas, que reações voluntárias e alterações nas redes neurais estão ligadas ao senso de identidade e conexão com o todo.

Esses achados ajudam a explicar por que tantas pessoas relatam, após a ativação, uma mudança profunda na forma de se perceberem no mundo — como se suas lentes internas fossem trocadas por outras mais claras, compassivas e alinhadas com o seu propósito.

Sobre os benefícios da ativação energética, podemos observar uma melhoria e transformação em vários campos do ser, como:

TEMA	TRANSFORMAÇÕES E BENEFÍCIOS
Sono	Sono mais profundo e restaurador, sonhos simbólicos e redução de insônia.
Ansiedade	Sensação de calma interior, redução de pensamentos acelerados e maior presença.
Propósito	Clareza sobre missão de vida, redefinição de objetivos, busca por coerência entre vida interna e externa.
Compulsão	Redução de comportamentos compulsivos (alimentares, tecnológicos, vícios, etc.) e maior autocontrole.
Energia vital	Sensação de leveza, disposição, corpo mais ativo e menos sobrecarregado.
Físico	Sensações agradáveis de calor, leveza corporal, disposição, alívio de tensões e vigor ampliado.
Emocional	Inteligência emocional ativada, estados de alegria autêntica, maior consciência das ações, sentimento de leveza e reconciliação interna.
Mental	Clareza de pensamento, foco, *insights* transformadores e reorganização espontânea da mente.
Espiritual	Percepção de unidade com o todo, sincronicidades frequentes, intuição aguçada, sensação de amparo sutil e maior conexão com o divino.

Entre os benefícios mais relatados, está a melhoria significativa na qualidade do sono. Muitas pessoas contam que, após o processo de ativação, passaram a dormir melhor, com sonhos mais simbólicos e restauradores.

Essa mudança se dá porque o sistema nervoso se reequilibra, saindo de padrões crônicos de alerta e tensão. A energia vital, que antes era bloqueada, começa a circular com mais facilidade e coerência.

Outros relatam uma redução drástica da ansiedade e dos estados compulsivos. A mente se aquieta, o corpo desacelera, e comportamentos repetitivos — como comer em excesso, fumar, roer unhas ou verificar o celular compulsivamente — vão, naturalmente, perdendo força. O que antes era um mecanismo de escape passa a não fazer mais sentido.

Pessoas novas chegam. Pessoas antigas, que antes pareciam essenciais, simplesmente se afastam ou se desconectam. As relações mudam. Ambientes que antes eram familiares deixam de fazer sentido. Há quem mude de emprego, de cidade, de país — como se um chamado silencioso estivesse guiando novos caminhos.

Além disso, após a ativação, muitos relatam uma maior consciência, como se enxergassem além do óbvio e ouvissem o que antes passava despercebido. Há uma presença mais encarnada, uma escuta mais fina da vida. Também é comum vivenciar mais clareza mental: os pensamentos se organizam, as decisões ganham lucidez e a mente fica menos barulhenta, permitindo escolhas mais alinhadas com o coração.

A liberação emocional é outro ponto central. Emoções antes reprimidas vêm à tona com leveza e são integradas com compaixão, promovendo uma nova sensação de leveza interior. Já no plano físico, observa-se uma crescente vitalidade — o sono se aprofunda, a respiração se torna mais fluida e o corpo responde com mais energia, como se a vida voltasse a circular de dentro para fora.

Por fim, muitos relatam um profundo despertar espiritual. Surgem sincronicidades, intuições mais nítidas e um sentimento de pertencimento — à vida, às pessoas, ao todo. É como se, de repente, tudo passasse a ter um propósito mais claro.

Vale destacar que esses sintomas não seguem uma ordem rígida. Eles aparecem conforme o corpo vai encontrando espaço para liberar o que antes era reprimido.

Em um nível mais profundo, a ativação da Kundalini costuma reorientar a bússola interior da pessoa. Questões existenciais vêm à tona, mas não como um peso — e, sim, como um chamado.

Surge um desejo genuíno de viver com mais propósito. Assim, surgindo um desejo genuíno de viver com mais propósito. O externo se alinha ao interno. O externo se alinha ao interno.

Por isso, o convite não é apenas observar os sintomas. É acolher os sinais da alma. Cada sintoma é uma oportunidade de escuta. Cada desconforto, uma chance de se realinhar.

A Kundalini não traz um novo estilo de vida — ela desperta o estilo de vida que sempre foi seu, mas que estava adormecido sob camadas de medo, crenças limitantes, condicionamento e distração.

Quando essa energia desperta, você não precisa mais correr atrás de um sentido.

Você enxerga seu caminho com clareza.

A verdadeira cura não acontece em um instante: ela floresce no cotidiano, quando seus gestos se alinham com sua essência, quando suas escolhas nascem da escuta interna e quando sua vida se torna expressão da sua verdade.

Viver como quem se lembra de quem é... essa é a revolução silenciosa que a Kundalini desperta.

E é com ela que seguimos. Porque, quando o corpo silencia, a alma começa a falar. E a sua voz torna a cura.

A jornada pode ser tão única quanto quem a vive. E, para essas pessoas maravilhosas, tudo mudou após a ativação.

"As sessões de Ativação da Kundalini são maravilhosas. É fantástico, porque depois a vida vai melhorando e fica incrível. Tem sessões que são mais leves e algumas mais desafiantes, mas o resultado depois é transformador! Mudei minhas prioridades. Quando você muda sua vibração, você quer que todos mudem também."

Anitta,
cantora.

"Na Ativação da Kundalini, senti que foi feita uma faxina interna. Foi profundo e fiz as pazes com a bagunça interna. Devolve o seu poder! Teve muitas transformações!"

Bianca- Boca Rosa,
empresária e influencer.

"A KUNDALINI VEIO E FOI COMO SE TUDO FIZESSE SENTIDO — UMA EXPLOSÃO DELICADA, SENSÍVEL. VEIO A IMPORTÂNCIA DO FEMININO, VEIO A SERENIDADE DE ENTENDER QUE HOJE SOU CUIDADORA DE MIM MESMA E QUE A CARÊNCIA, A ESCASSEZ É PREENCHIDA PELO PRESENTE, PELA PRESENÇA. FOI SELVAGEM — ÓBVIO QUE SERIA. A CONEXÃO COM ALGO MAIOR É LIVRE E SOLTA. HOJE VIVO. TUDO FLUI. SÃO 20 QUILOS A MENOS NA BALANÇA, UM TRABALHO NOVO, UMA CONSCIÊNCIA DE QUE A VIDA É ABUNDANTE. HOJE ME RECONHEÇO MAIS E SEI QUE É SÓ O RECOMEÇO"

MARIA CLARA.

"ME SINTO CALMA DEPOIS E PREPARADA PARA ENFRENTAR O MUNDO COM MAIS PODER!"

MAIARA,
CANTORA.

REFERÊNCIAS:

1. PYRAMID YOGSHALA. Kundalini awakening: benefits, symptoms and process. Disponível em: https://pyramidyogshala.com/kundalini-benefits-symptoms-process--duplicate-6107/.

2. NEWBERG, Andrew B.; D'AQUILI, Eugene G.; ROUSE, Vince. Por que Deus não vai embora: ciência do cérebro e a biologia da crença. São Paulo: Cultrix, 2003.

3. NEWBERG, Andrew B. Principles of Neurotheology. Surrey: Ashgate Publishing, 2010.

4. GRIFFITHS, Roland R. et al. Mystical-type experiences occasioned by psilocybin mediate the attribution of personal meaning and spiritual significance 14 months later. Journal of Psychopharmacology, [S. l.], v. 22, n. 6, p. 621–632, 2008.

CAPÍTULO 11

QUANDO NÃO FAZER A ATIVAÇÃO?

A nossa energia não responde à pressa e à impaciência; ela só flui quando encontra entrega, preparo e um corpo pronto para recebê-la. A pressa apenas bloqueará o fluxo. Forçar esse processo é como tentar fazer uma flor desabrochar antes do tempo — você pode até arrancar as pétalas, mas jamais verá o florescer.

O despertar da Kundalini não é uma corrida, é uma travessia. E, como toda travessia profunda, exige presença, discernimento e, acima de tudo, respeito.

Antes de avançarmos para os contextos específicos em que a ativação não é recomendada, é essencial entender que a nossa energia trabalha com integridade.

Ela não invade, ela sintoniza. Se o campo emocional está agitado, se há questões de saúde fragilizadas ou se o ambiente ao redor é instável, o processo pode se tornar um pouco mais lento, mas nunca menos poderoso.

Pressa não desperta energia. Presença, sim.

Vamos direto ao ponto: todos podem ativar a Kundalini, desde que não existam contraindicações específicas. Fora isso, em qualquer outro contexto, a ativação pode, inclusive, ajudar quem está em processos emocionais desafiadores, como tristeza, ansiedade ou depressão.

Mas atenção: há situações que pedem pausa — e outras que pedem responsabilidade. Esses cuidados não são limitações, mas formas de honrar a potência desse caminho. Quando a ativação acontece no momento certo, com a estrutura adequada, ela se torna uma ponte poderosa para a transformação.

Por exemplo, nunca misture processos energéticos. Após uma ativação da Kundalini, é essencial respeitar o período de 10 dias sem realizar outras terapias energéticas, pois a energia continua em movimento nesse tempo e precisa de espaço para integrar. Fazer uma constelação, *Reiki*, alinhamento energético ou qualquer outro processo dentro desse período pode interferir e cortar diretamente no fluxo da energia da ativação.

Além disso, nunca faça sozinho se você não tem preparo. Mesmo que existam práticas online ou autodidatas, o ideal é que você seja acompanhado por um facilitador experiente, que esteja formado especificamente em ativação da Kundalini. A experiência é mais potente, segura e transformadora quando feita com apoio.

Para resumir esta etapa, listei 10 contradições que se deve evitar ao fazer a ativação, devido à sua força energética.

SITUAÇÃO	POR QUE ESPERAR?
Menos de 20 dias desde a última ativação.	O campo energético ainda está sendo trabalhado e precisa de tempo de integração.
Gravidez	É um período delicado para o corpo e o sistema hormonal e energético; recomenda-se aguardar.
Uso recente de substâncias psicoativas.	Pode gerar interações imprevisíveis.
Doença cardiovascular severa.	O processo pode demandar esforço físico ou emocional.
Doença respiratória severa.	É necessário preservar o ritmo natural da respiração e do corpo.
Doença articular severa.	A ativação pode envolver desconforto físico em quem tem limitações significativas.
Diagnóstico de bipolaridade e borderline	O processo pode intensificar a liberação de neurotransmissores, como dopamina, e desestabilizar o equilíbrio emocional.
Diagnóstico de esquizofrenia.	Processo pode intensificar estados de desconexão com a realidade e agravar sintomas psicóticos.
Falta de ambiente ético e seguro.	Ambiente seguro energeticamente e conduzido por profissionais capacitados.
Outras condições clínicas graves.	Em caso de dúvida, sempre consulte seu médico ou Facilitador antes do processo.

O PAPEL DO FACILITADOR

Hoje, muitas pessoas oferecem ativações sem estarem devidamente formadas. Por isso, busque referências. Pergunte se a pessoa tem certificação, converse com outras pessoas que já passaram pela experiência com ela e procure entender se aquele facilitador realmente tem preparo para conduzir o processo de forma ética, amorosa e presente.

É muito importante que o facilitador esteja disponível durante todo o processo, atento às reações e pronto para sustentar o campo.

Em minhas ativações, por exemplo, nunca conduzo grupos grandes sozinha. Sempre há pelo menos dois ou três profissionais treinados acompanhando cada grupo.

A ativação da Kundalini pode acessar memórias profundas, inclusive de vidas passadas, e, por isso, requer um espaço seguro, com suporte emocional e energético adequado. Infelizmente, muitas pessoas chegam até nós contando que fizeram ativações que "não deram em nada", que "não sentiram nada" ou que "se sentiram mal depois". Isso geralmente acontece por falta de preparo do facilitador ou pela escolha de fazer de forma solitária, sem ter um conhecimento prévio.

QUANDO ATIVAR COM SEGURANÇA?

Ativar com segurança não significa estar "perfeito" ou sem questões a resolver. Significa ter entrega emocional para lidar com o que pode emergir, responsabilidade pessoal sobre o próprio processo e discernimento sobre os limites do seu corpo e mente.

Ativar com segurança é, acima de tudo, um gesto de amor. Amor por si, pelo próprio tempo, pelo próprio caminho. A Kundalini respeita a sabedoria do corpo e a inteligência da alma.

Após as ativações da Kundalini que conduzo em grupos ou individual, sempre deixo claro que, se a pessoa tiver qualquer dúvida após o processo, pode me enviar mensagem, que terá um apoio em um dos meus canais de comunicação, e também disponibilizo diversos conteúdos gratuitos no *Spotify* sobre evolução mental, emocional e energética. É muito importante o facilitador ser um apoio após a ativação, caso haja alguma dúvida.

COMO SABER SE VOCÊ ESTÁ PRONTO?

Resumidamente, se você está insatisfeito em alguma área da sua vida, ou já anda se questionando sobre assuntos de evolução espiritual, e já consegue perceber que somos energia e que, para transformar qualquer coisa na sua vida, você precisa mudar a sua vibração, ou já sente um chamado genuíno — você está mais do que pronto.

Mas, se você tentou agendar a ativação algumas vezes e algo sempre acontece, talvez seja apenas o universo pedindo um tempo.

E tá tudo bem.

A energia não se atrasa, ela apenas espera a hora certa.

Às vezes, tudo se alinha com facilidade: agenda, recursos, disposição interior. Outras vezes, obstáculos aparecem repetidamente. Esses sinais não devem ser ignorados. Eles fazem parte da sabedoria de algo maior.

Escutar o universo é escutar também o próprio corpo, as intuições, os sonhos e os sinais que se repetem. Estar pronto é perceber esses detalhes com humildade e sensibilidade.

É quando o corpo não treme de medo, mas vibra em

entusiasmo. Quando o coração não aperta por dúvida, mas se abre em confiança. Quando os sonhos começam a falar da energia e quando a intuição sussurra "sim".

É esse silêncio cheio de significados que anuncia que o campo está fértil.

E, mesmo se surgirem pequenos receios — o que é natural —, eles vêm acompanhados de uma fé tranquila. Porque o medo não paralisa mais, ele apenas acompanha. E a decisão, mesmo delicada, traz consigo paz.

Não existem "tempos ruins" para ativar a Kundalini. Existe o tempo real. O tempo do corpo, da alma, do universo. O seu tempo, a sua hora divina para iniciar nessa jornada transformadora.

Escute. Sinta. Confie.

O momento certo é aquele em que você diz "sim" com o corpo inteiro — e esse sim ecoa na sua energia, na sua respiração e no seu silêncio. Honre isso. E, quando for a hora, ela fluirá.

A ativação não é uma técnica qualquer — é um processo profundo, sagrado e transformador. E, como todo processo sagrado, precisa de responsabilidade, consciência e presença. Fazer com alguém experiente, respeitar o tempo de integração e cuidar do próprio campo é uma forma de honrar essa jornada.

Lembre-se: não é sobre ter pressa para evoluir, e sim sobre estar presente para integrar. O florescer da energia não acontece com força ou pressa, mas com entrega.

Pressa é o caminho de quem quer resultados imediatos. Presença é o caminho de quem quer transformações verdadeiras.

Por isso, honre seus processos, seus momentos e seus

limites. Quando o terreno está fértil, a flor desabrocha sozinha.

Quando o campo está pronto, a energia chega — com força, com luz e com verdade.

REFERÊNCIAS:

CATEDRAL CAMPINAS. *Existem riscos em despertar a Kundalini?* Disponível em: https://catedralcampinas.com.br/existem-riscos-em-despertar-a-kundalini/.

ELEPHANT JOURNAL. *Don't look back in anger: divesting the cult of Yogi Bhajan.* 2020. Disponível em: https://www.elephantjournal.com/2020/10/dont-look-back-in-anger-divesting-the-cult-of-yogi-bhajan/.

REDDIT. *Why is Kundalini Yoga considered so dangerous?* Disponível em: https://www.reddit.com/r/yoga/comments/1hyl5v5/why_is_kundalini_yoga_considered_so_dangerous/.

TIBÉRIO Z. O que é Kundalini? Disponível em: https://www.tiberioz.com.br/o-que-e-kundalini/.

CAPÍTULO 12

ATIVAÇÃO ONLINE E AUTOATIVAÇÃO: FUNCIONA?

Você não precisa estar no mesmo lugar físico que alguém para sentir o amor que essa pessoa emana por você. Assim como o amor, a energia não conhece barreiras físicas. Ela atravessa continentes, ignora as fronteiras do espaço e repousa onde encontra receptividade: em um coração aberto.

Já conduzi ativações com pessoas do outro lado do mundo, em países que nunca pisei — e, mesmo à distância, a energia chegou. Chegou porque havia entrega, chegou porque havia verdade. Quando o campo está limpo e a intenção é genuína, a energia se manifesta com clareza.

A ciência moderna tem se aproximado do que tradições espirituais já sabiam há milênios: tudo o que existe é energia. A física quântica mostra que matéria e energia estão intrinsecamente conectadas e que partículas subatômicas se comportam de forma interdependente, mesmo separadas por grandes distâncias.

O biólogo Rupert Sheldrake, com a teoria dos campos mórficos, propõe que os seres vivos estão conectados por estruturas invisíveis que armazenam e transmitem padrões de informação. Isso oferece uma base teórica para compreendermos como práticas energéticas, como a ativação da Kundalini, podem ocorrer mesmo sem presença física.

Muitas pessoas ainda têm dúvidas: *"Ativação à distância realmente funciona?"*

A resposta, respaldada por milhares de relatos e observações clínicas, é: sim.

A energia da Kundalini não depende de toque físico. Ela depende de ressonância, de conexão consciente e de entrega sincera. Presença não é estar ao lado de alguém fisicamente; é estar por inteiro, com atenção plena, abertura emocional e disponibilidade energética.

Essa presença é a chave para que a energia se mova — seja em um mesmo cômodo, seja entre continentes.

ATIVAÇÃO ONLINE: SIM, É REAL

A ideia de ativar a Kundalini por meio de uma sessão online pode parecer moderna demais para alguns, mas quando analisamos os fundamentos energéticos que sustentam essa prática, percebemos que ela é não apenas viável, como eficaz.

O universo é um grande campo vibracional. Cada ser humano possui um campo eletromagnético que interage com os demais, e essas interações não estão limitadas pelo espaço físico.

Durante uma ativação online, o campo energético é construído com base na intenção e na sintonia entre o facilitador e os participantes. O facilitador, mesmo distante, ancora o campo coletivo, observando sinais sutis, acolhendo os fluxos e guiando a experiência com sensibilidade.

O participante, por sua vez, encontra um ambiente conhecido e seguro — seu próprio lar —, o que muitas vezes permite um relaxamento mais profundo, facilitando a entrega e a percepção da energia.

Há inúmeros relatos de pessoas que, ao participarem de práticas online, sentiram ondas de calor, arrepios, movimentações espontâneas do corpo, emoções emergirem — exatamente como acontece em encontros presenciais.

Em alguns casos, a experiência é até mais intensa, porque o participante se sente menos observado e mais livre para viver o que precisa ser vivido.

Contudo, é fundamental dizer que a atuação do facilitador continua sendo essencial: ele precisa estar preparado para lidar com aberturas energéticas, saber sustentar processos profundos e reconhecer os sinais de cada etapa do despertar da energia.

COMO SE PREPARAR PARA UMA ATIVAÇÃO ONLINE

Para aproveitar plenamente uma ativação online, a preparação é parte essencial da experiência. O corpo, a mente e o espaço ao redor devem estar em harmonia. Algumas orientações práticas:

AMBIENTE APROPRIADO	Escolha um espaço limpo, organizado e silencioso. Elimine interferências externas. Pode usar incensos, aromas ou velas, se desejar.
POSTURA CORPORAL ADEQUADA	Procure um local confortável — pode ser na sua cama, em uma esteira no chão ou sobre um tapete, mas mantenha a coluna ereta.
APARATOS TÉCNICOS	Se estiver em uma prática guiada por vídeo ao vivo, verifique a câmera, o áudio e a estabilidade da internet. Isso garante fluidez no encontro.
ENCERRAMENTO CONSCIENTE	Após a ativação, não corra para as tarefas do dia. Fique em silêncio, registre as sensações, beba bastante água. O campo ainda estará agindo.

AUTOATIVAÇÃO: É POSSÍVEL FAZER SOZINHO?

Sim, a autoativação é possível — mas ela é fruto de um caminho. Ela não surge de um desejo impulsivo, nem de uma tentativa solitária sem preparo.

A autoativação acontece quando você concluiu a formação em Facilitador de Ativação da Kundalini ou em Yoga Kundalini.

No entanto, é importante reforçar que "autoativar" não significa abrir a energia a qualquer custo. A Kundalini movimenta aspectos profundos do ser, trazendo à tona memórias, feridas emocionais e padrões inconscientes.

Por isso, é necessário estar emocionalmente preparado, ter ferramentas de suporte (rede de apoio e meditações de integração) e discernimento para buscar ajuda, se necessário.

E preciso ser honesta: pela minha experiência, acho realmente mais forte quando temos um facilitador para a ativação.

O PAPEL DO FACILITADOR: ÂNCORA E CANAL

A Kundalini é sua, e o papel de um facilitador é justamente facilitar a ativação dessa energia que está "adormecida" dentro de você. Ele é um canal, um guardião do campo, um condutor de possibilidades. Ele sustenta um campo. Ele guia e o protege com presença, com entrega e respeito, onde a energia vital possa emergir sem bloqueios, respeitando o tempo e os limites do corpo e da alma de cada participante.

Mesmo online, um bom facilitador lê os movimentos sutis, o campo energético, identifica onde há resistência, sustenta frequências mais elevadas e conduz o processo para que a energia flua de forma natural. Ele escuta com o coração. E, sobretudo, ele serve. Serve ao processo, à alma do outro, ao fluxo do invisível. Tudo isso sem pressa, medo nem julgamentos.

Nos encontros que conduzo, sempre tenho apoio de mentores espirituais de vibrações elevadas. Porque o verdadeiro trabalho com energia não se faz sozinho. E nem deve.

A ativação da Kundalini não está presa ao tempo, ao espaço ou a qualquer formato fixo. Ela acontece onde houver verdade. Acontece quando há presença. Quando há respeito pelo processo. Quando há entrega real.

Sim, é possível ativar à distância. Porém, mais do que o formato, o que importa mesmo é a consciência com que você entra no campo.

A energia reconhece coerência.

Honre seu processo. Honre seus ciclos. Escute seu corpo. E, acima de tudo, confie: mesmo sem ver, a energia está viva. E, quando ela desperta, desperta também uma parte sua que talvez você tenha esquecido: aquela que já sabe o caminho de volta para casa.

E não importa onde você esteja — se estiver inteiro, a energia te encontrará. Porque ela sempre reconhece quem você é.

REFERÊNCIAS:

SHELDRAKE, Rupert. *The presence of the past: morphic resonance and the habits of nature.* New York: Times Books, 1988.

CAPRA, Fritjof. *O Tao da Física.* São Paulo: Cultrix, 2006.

JUDITH, Anodea. *Despertar da Energia Espiritual: a ascensão da Kundalini.* São Paulo: Cultrix, 2013.

KUNDALINI RESEARCH INSTITUTE. *What is Kundalini?* Disponível em: https://kundaliniresearchinstitute.org.

DISPENZA, Joe. *O poder do subconsciente: mude sua mente, mude sua vida.* São Paulo: HarperCollins, 2019.

PARTE 4

VIBRAR PARA EXPANDIR: QUANDO O SEU PROPÓSITO ECOA NO UNIVERSO

CAPÍTULO 13

O MÉTODO AKE: ATIVAÇÃO COM AMOR E CONSCIÊNCIA

Esta parte do livro marca uma virada na jornada: passamos das experiências e descobertas para a integração do que foi vivido em uma proposta concreta, estruturada e compartilhável.

É o momento em que o propósito individual se transforma em ferramenta coletiva.

E que melhor maneira de abrir esse novo ciclo do que apresentando o Método que canalizei, desenvolvi e aperfeiçoei ao longo de anos, com base em mais de sete mil ativações conduzidas?

A proposta aqui é mostrar como o despertar da energia pode se tornar também um caminho profissional, ético e sustentável. É sobre dar forma ao invisível, traduzir vibração em prática e oferecer ao mundo aquilo que foi descoberto internamente. O Método AKE — *Awakening Kundalini Energy* — é a manifestação viva dessa possibilidade.

Após milhares de ativações conduzidas ao longo de anos — em encontros presenciais, online, individuais e coletivos —, compreendi que não se tratava apenas de uma técnica. O que nascia ali, diante dos meus olhos e através das minhas mãos, era um Método vivo. Orgânico. Um campo de cura e expansão.

Assim surgiu o Método AKE: *Awakening Kundalini Energy* — um despertar da energia vital que habita cada um de nós, a forma mais pura de ativar com amor e consciência. Ele vai muito além de um protocolo energético. É uma abordagem que integra presença, ética, acolhimento e espiritualidade.

O Método AKE foi sendo refinado a partir da escuta profunda de cada corpo, de cada alma que se entregava ao processo. Ele nasceu da prática, da repetição consciente, dos estudos sobre energia, traumas, respirações, neurociência e espiritualidade.

E, acima de tudo, nasceu da minha entrega a este chamado.

Meu propósito sempre foi ajudar as pessoas a se reconectarem com sua potência essencial. E entendi que, para isso, era preciso mais do que apenas ativar a energia Kundalini. Era necessário criar um campo seguro, amoroso e consciente, onde essa energia pudesse ser acolhida, integrada e canalizada para o autodesenvolvimento.

Por isso, o Método AKE conduz com responsabilidade.

Fui uma das precursoras no Brasil a estruturar um caminho profissional, certificado e ético para quem deseja trabalhar com a energia da Kundalini. O AKE representa essa união entre ciência e espiritualidade, técnica e entrega, estudo e intuição. O nome nasceu como um símbolo desse despertar: *Awakening Kundalini Energy* — AKE.

UMA TECNOLOGIA HUMANA DE CURA

Chamo o AKE de uma tecnologia humana porque ele se apoia em princípios que estão além da técnica. Ele atua no campo da intenção, da vibração e da escuta sensível. Trabalha desbloqueando camadas que, muitas vezes, não estão acessíveis pela via racional. Desfaz tensões, dissolve padrões e devolve ao corpo sua capacidade natural de vibrar, de sentir e de integrar.

A ativação da Kundalini é consequência dessa jornada. O que transforma, de fato, é o que fazemos com essa energia depois. O Método AKE promove desbloqueios físicos, emocionais e espirituais, atuando em memórias celulares, em registros inconscientes e em traumas que se alojam.

É um trabalho que respeita o tempo do corpo, da alma e da história de cada um.

Estudos de neurocientistas, como Richard Davidson, Antoine Lutz e William Tiller, já demonstraram que a intenção humana pode influenciar campos sutis, além de que práticas de presença e meditação profunda alteram padrões cerebrais, regulando emoções e fortalecendo conexões internas, o que valida cientificamente o fundamento do AKE.

Muitos participantes relatam sentir alívio de dores crônicas, libertação de traumas antigos, estados ampliados de consciência, expansão da intuição e sensação de reconexão com seu propósito.

Esses resultados não vêm de fora — vêm de dentro.

O Método apenas abre a porta.
Quem caminha é você.

BENEFÍCIOS DO MÉTODO AKE

Para exemplificar os relatos, listei todos os benefícios recorrentes relatados por quem vivenciou o Método AKE:

BENEFÍCIO	DESCRIÇÃO
CLAREZA MENTAL RENOVADA	Proporciona uma mente mais clara e focada, elevando o estado de bem-estar e a visão da vida.
ENERGIA REVIGORANTE	Aumento da vitalidade e disposição diária por meio do despertar da energia vital.
LIBERDADE EMOCIONAL	Liberta os bloqueios emocionais e energéticos, favorecendo uma vida mais leve e plena.
RESILIÊNCIA PARA MUDANÇAS	Desenvolve confiança para lidar com transformações e aproveitar novas oportunidades.
TRANQUILIDADE INTERIOR	Alivia a ansiedade, melhora a qualidade do sono e promove uma sensação de paz interna.
AUMENTO DA VITALIDADE	Ativa a força essencial do ser, gerando mais energia e bem-estar.
CONFIANÇA INTERIOR	Fortalece a autoconfiança e a capacidade de enfrentar desafios com serenidade.
EQUILÍBRIO QUÍMICO INTERNO	Regula o funcionamento das glândulas e promove saúde e bem-estar.
EMPODERAMENTO PESSOAL	Amplia o senso de autodireção e domínio sobre a própria vida.

O CURSO DE IMERSÃO: EXPERIÊNCIA E TRANSFORMAÇÃO

Criei o curso intensivo de três dias presenciais como um portal para a transformação. Durante esse período, os participantes não apenas vivenciam a ativação, mas mergulham profundamente em si mesmos.

Alternamos momentos de teoria — sobre os campos energéticos, os centros de força, a respiração consciente e os efeitos da ativação — com práticas que envolvem movimento, som, silêncio e escuta interior.

O grupo se transforma em um campo de cura coletivo. Cada relato, cada vibração, cada silêncio é parte do processo. E não há como sair dessa imersão da mesma forma que se entrou. Há quem chegue sem conseguir se expressar e saia dando voz à própria alma. Há quem nunca tenha sentido a própria energia e descubra um universo interno inteiro pulsando.

O curso é, acima de tudo, um chamado para viver a própria potência.

Além disso, após muitos pedidos e observando o impacto positivo do Método, estruturamos a Formação de Facilitadores. Hoje, o Método AKE oferece uma certificação reconhecida pelo MEC para terapeutas e profissionais da área da saúde e do bem-estar que desejam conduzir ativações com segurança, ética e responsabilidade.

A formação ensina a escutar o campo, sustentar processos, compreender os efeitos fisiológicos e emocionais da energia Kundalini. Trabalhamos também a postura do facilitador, o cuidado com o próprio campo energético, os limites éticos, o acompanhamento dos participantes e a integração após a ativação.

Formar facilitadores é, para mim, uma das maiores alegrias dessa jornada. Porque cada novo profissional que nasce leva consigo a missão de multiplicar esse campo de cura — e isso expande o propósito do AKE para além de mim.

É a energia cumprindo sua função maior: servir à evolução.

O Método AKE tem deixado marcas significativas em milhares de vidas. São mais de 10 anos de experiência, com mais de 7 mil ativações realizadas e presença ativa nas redes sociais e plataformas de *streaming*.

Já ultrapassamos 20 milhões de impressões em plataformas digitais e mais de 10 milhões de visualizações nas redes sociais. Esses números mostram que há uma busca real e crescente por práticas que unam espiritualidade, ciência, ética e presença.

O Método é um organismo vivo. Ele respira através de cada pessoa que se entrega ao processo. Ele pulsa onde há verdade. Ele floresce onde há coragem para sentir.

Criei o AKE com base no amor, na escuta, na ciência, na espiritualidade e, principalmente, na presença. E sigo aprendendo com cada ativação, com cada corpo que vibra, com cada história que se revela. Porque ativar não se baseia apenas em gerar movimento — é acolher o que vem com ele.

Se você sente o chamado, saiba: não é à toa. A energia já está se movendo em você. O Método AKE pode ser o seu portal de auxílio nesta caminhada.

Entre. Respire. Permita-se vibrar. Porque onde há vibração consciente, há cura. E onde há cura, há expansão.

Busque...

REFERÊNCIAS:

GALASSI, Thais. *Método AKE — Awakening Kundalini Energy.* Disponível em: https://thaisgalassi.com.br.

LUTZ, Antoine; DUNNE, John D.; DAVIDSON, Richard J. Meditation and the neuroscience of consciousness. In: ZELAZO, Philip D. et al. The Cambridge Handbook of Consciousness. Cambridge: Cambridge University Press, 2007. p. 499–554.

TILLER, William A. *Conscious Acts of Creation: The Emergence of a New Physics.* Walnut Creek: Pavior Publishing, 2001.

CAPÍTULO 14

O PODER É SEU: SEMPRE FOI

Agora, vamos falar um pouquinho sobre o nosso poder?

Vivemos grande parte da vida acreditando que a força que nos impulsiona vem de fora — seja nas instituições, nas certezas dos outros ou mesmo em fórmulas prontas. Mas chega um momento em que algo dentro de nós começa a questionar.

E é aí que tudo muda!

O nosso despertar se revela no cotidiano, na forma como passamos a responder à vida, nos limites que aprendemos a colocar, nas escolhas que começam a vir de dentro. E, nesta etapa da jornada, o chamado é claro: reconhecer-se como fonte da própria transformação.

Tudo o que você buscou fora — respostas, guias, soluções — sempre esteve dentro de você. E eu posso afirmar que essa força não é conquistada, mas sim reconhecida.

É quando a consciência desperta e você compreende, no mais profundo nível, que não há separação entre o que sente, intui e manifesta. Você é o canal. E sempre foi.

Todo movimento de transformação começa com o desejo. Nenhuma ação significativa nasce sem esse impulso interno. Desejar é reconhecer que algo pode ser diferente, é admitir que existe uma potência a ser despertada.

Esse desejo, conhecido também na tradição hinduísta como *icchā śakti*, é o motor inicial da transformação. Porém, o desejo é uma força neutra. Não é bom ou ruim por si só. Tudo depende do uso que fazemos dele. Quando corrompido pelo ego, pode nos cegar. Mas, quando alinhado com a verdade interior, torna-se uma chama legítima de mudança.

Depois do desejo, vem o conhecimento — *jñāna śakti*. Desejar é preciso, mas é o saber que dá forma ao desejo. É o conhecimento que molda o caminho, que apresenta os meios para que o anseio se manifeste com clareza. Sem conhecimento, o desejo fica preso no campo da imaginação.

É por meio do entendimento do corpo, da energia, das emoções e das leis sutis do universo que conseguimos mover o desejo para a ação. O conhecimento é o mapa interno que orienta cada passo com consciência.

E então surge a ação — *kriyā śakti*. Nenhuma transformação acontece apenas no plano das ideias. É preciso mover, fazer, sustentar o impulso com prática. Por isso, a energia Kundalini responde ao movimento. Ela não se ativa por contemplação passiva, mas por um envolvimento real com a própria jornada.

É a ação que rompe as camadas de inércia, que libera o potencial adormecido e que ancora a expansão no corpo e na vida prática. Esses três poderes — desejar, conhecer e agir — formam o tripé da criação consciente. É assim que interferimos na realidade. É assim que deixamos de viver à mercê dos acontecimentos e passamos a assumir nosso papel como cocriadores.

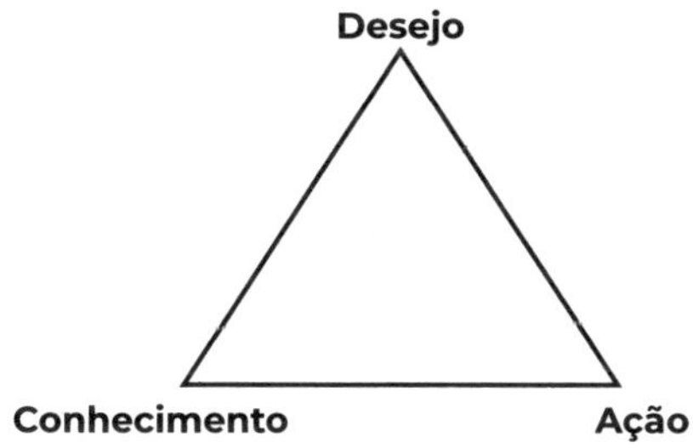

Para compreender essa força que nos habita, é preciso olhar para a Kundalini não como um conceito místico, mas como uma função vital e estruturante da consciência.

Como aprendemos ao longo deste livro, a energia Kundalini é descrita em antigas tradições como uma serpente enrolada na base da coluna, guardiã do nosso potencial criativo. Mas ela é muito mais do que um símbolo: trata-se de uma força pura, sem resíduos, que se origina no primeiro *chakra* e, ao ser despertada, percorre toda a rede energética do corpo, desbloqueando os centros sutis até alcançar seu ponto mais elevado.

É essa ascensão que sustenta nossa vitalidade e pode ser mobilizada para a cura, a expansão da consciência e a realização profunda de quem realmente somos.

Dentro do cérebro, há uma estrutura que vem sendo estudada por séculos, tanto pela ciência quanto por tradições espirituais: a glândula pineal. Seu nome aparece com frequência em escrituras antigas, mas também em publicações acadêmicas modernas. Essa pequena estrutura, localizada no centro do cérebro, é reconhecida pela ciência como responsável pela regulação dos ritmos biológicos, por meio da produção de melatonina.

Mas sua função vai além do biológico. Diversas tradições espirituais a indicam como o centro da percepção sutil, o ponto de contato entre o humano e o divino, entre a mente linear e a consciência ampliada. O filósofo René Descartes já se referia a ela como a "sede da alma", sugerindo que fosse o ponto de interseção entre o corpo e o espírito.

É ela que regula nossos ritmos internos e, quando estimulada por processos energéticos, pode se tornar uma ponte entre corpo, mente e expansão da consciência.

Quando a Kundalini ascende e encontra a pineal, algo muda no sistema: você passa a sentir mais, perceber mais e escolher com mais clareza. É como trocar um rádio de AM para FM — as frequências continuam no ar, mas agora você consegue captar com nitidez o universo à sua volta.

E mais: ao sintonizar frequências elevadas, como a (963 Hz), localizada no sétimo *chakra coronário*, também conhecido como *Sahasrara*, você acessa os estados mais altos de paz e clareza interior. Essa frequência atua diretamente sobre a glândula pineal, elevando o estado vibracional do ser e facilitando estados de meditação profunda, presença e conexão com o todo.

É a sua conexão com a espiritualidade e a transcendência.

É o nível mais alto do seu potencial energético — onde razão e intuição se encontram, onde a ciência toca o sagrado.

Onde sua visão se amplia. A intuição se fortalece. A percepção de unidade — consigo, com os outros, com o cosmos — se torna palpável.

Não estamos falando de algo etéreo, mas de uma experiência sentida no corpo, nos sentidos, nas decisões. É como se uma antena interior fosse finalmente ativada, permitindo acesso a uma sabedoria que sempre esteve ali, esperando por espaço para se manifestar.

Essa ativação não é privilégio de poucos.

Não está reservada a gurus ou mestres.

Ela é possível para todos os seres humanos. O que varia é o grau de prontidão interna, o nível de escuta, o tempo de maturação da alma. Cada despertar é único.

Mas todos têm em comum um ponto de não retorno: depois de sentir essa energia fluindo com liberdade, não dá mais para viver anestesiado. A vida ganha cor, som e direção.

Por isso, quando digo que "o poder é seu", não estou lhe fazendo um convite motivacional vazio. Estou lembrando uma verdade ancestral: você é energia em movimento.

Você é consciência em expansão.

Você é o instrumento e o som.

O canal e a fonte.

Então, o próximo passo é claro: honrar esse poder. Cuidar dele.

Porque, quanto mais você se escuta, mais a energia responde. E, quanto mais ela se move, mais você reconhece quem sempre foi: um ser divino vivendo uma experiência humana.

Mas agora, desperto.

REFERÊNCIAS:

GALASSI, Thais. *Espiritualidade e Transcendência* 963 Hz. YouTube, 5 months ago. Disponível em: disponível em https://www.youtube.com/watch?v=G7R5HJ-9CJM.

MEDITATIVE MIND. "963 Hz + 852 Hz + 639 Hz | Activate Pineal Gland | Open Third Eye", YouTube, 2018. Disponível em: vídeo; *Insight Timer,* "963 Hz Pineal Gland Activation & Third Eye Opening", 2022.

MEDICINA DA CONSCIÊNCIA. "O que é a Energia Kundalini? Como despertar?", *Blog*, 2 mar. 2022. Disponível em: https://medicinadaconsciencia.org/blog/energia-kundalini.

NATIONAL CENTER FOR BIOTECHNOLOGY INFORMATION. *Neuromodulation of the Pineal Gland via Electrical Stimulation of Its Output*, 2020. Disponível em: https://www.ncbi.nlm.nih.gov/pmc/articles/PMC7145358/.

PATEL, Dhruv; SINGH, Satish K. *Neuroanatomy, Pineal Gland.* In: STATPEARLS [Internet]. Treasure Island (FL): StatPearls Publishing, 2024. Disponível em: https://www.ncbi.nlm.nih.gov/books/NBK550972/.

PARTE 5

AGORA, VOCÊ É O CAMINHO...

CAPÍTULO 15

O COMEÇO DA SUA NOVA HISTÓRIA

Chegar até aqui não foi por acaso. Cada página lida, cada desconforto sentido, cada verdade que tocou sua alma — tudo isso foi movimento.

Foi como uma semente sendo plantada. E agora, esse momento se torna um broto: o nascimento de uma nova versão de você.

Agora, pare por um instante...

Respire fundo e se pergunte com sinceridade: "O que, em mim, ainda espera por despertar?"

Talvez você tenha tentado de tudo: conselhos, livros de autoajuda, terapias, meditações... Mas segue ali uma tensão nos ombros, um vazio que não se preenche, um ciclo que se repete.

Pois saiba: isso não é uma fraqueza. Este é o seu chamado. Um pedido da sua própria energia para ser reconhecida, ativada e colocada em movimento.

A energia Kundalini não vem para lhe tirar de quem você é. Ela vem para te devolver. Para te reunir por inteiro. Para destravar partes que você nem lembrava que existiam.

E é por isso que tanta gente muda após uma ativação:

Quem não dormia, passa a repousar em paz.

Quem carregava raiva, começa a respirar com mais leveza.

Quem vivia no automático, passa a fazer escolhas com mais consciência.

Quem não conseguia emagrecer, se liberta de pesos que não são só físicos.

Quem busca um grande amor, se encontra com sua melhor versão.

Quem deseja prosperidade, se depara com a abundância do universo.

A ativação não é um milagre. Ela é um desbloqueio. Desbloqueio do que te prende, do que te trava, do que te impede de ser quem você realmente é.

Ultimamente, talvez você tenha vivido:

Desafios com seus pais, filhos ou companheiros; medo de se mostrar, de se posicionar, de dizer "não"; bloqueios financeiros, criativos ou emocionais; angústias físicas sem explicação; ciclos que nunca se encerram; ansiedade, insônia e cansaço constante; um vazio que nem o sucesso preenche...

Talvez não falte uma resposta para você. Na verdade, talvez falte energia. Falte fluxo. Falte esse passo que você tem adiado...

Lembra que, lá no começo do livro, falamos sobre enxergar? Sobre o véu que cobre os olhos mesmo quando estão abertos? Então, agora, talvez você entenda: não era o mundo que precisava mudar. Era o seu olhar que precisava ser liberto.

Você fez isso. Você chegou aqui. E isso já muda tudo.

Este livro termina nestas páginas. Mas o despertar começa em você.

Na sua coragem de escolher um caminho que ninguém pode trilhar por você.

Na sua decisão de ativar o que ficou estagnado.

Na sua disponibilidade de se ver com profundidade e, acima de tudo, respeito.

RELATOS DE TRANSFORMAÇÃO — QUANDO O DESPERTAR ACONTECE

A ativação da energia Kundalini não é mágica — ela é real. Ela não cria nada novo: revela o que sempre foi seu. Ela não vem para agradar o ego: vem para acordar a alma.

E, quando você desperta... tudo muda:

A forma como você olha para o seu corpo;

A relação com o passado;

A maneira como você diz "sim" e, principalmente, como aprende a dizer "não";

A presença que você passa a ter nos seus dias, nos seus vínculos e nas suas decisões.

Se você sente que algo aí dentro quer emergir...

Se o seu corpo grita por descanso.

Se sua alma pede por sentido.

Se seus ciclos repetem as mesmas dores.

Se a sua voz anda calada demais...

...então, talvez, essa seja a hora de parar de buscar por respostas prontas — e abrir espaço para viver a sua própria resposta.

Você já ouviu bastante sobre a Kundalini. Leu, refletiu, se emocionou. Mas eu não estou aqui para te convencer com palavras. Estou aqui para te lembrar com alma.

Se este livro chegou até você, pode ter certeza: o universo tem algo a te dizer.

Este é o seu convite.

Não para acreditar, mas para experimentar.

Porque a única forma de saber o que a ativação da Kundalini faz... é vivendo.

E, quando você viver, nunca mais esquecerá.

Para isso, eu te proponho um exercício...

"TRÊS PORTAS, UM DESPERTAR"

A ativação da energia começa com uma escolha. Então, vou te propor três perguntas — três portas. Responda com sinceridade:

1. O que está pedindo cura em mim agora?

2. O que mais desejo viver — e tenho me impedido?

3. Se hoje fosse o primeiro dia da minha nova vida, o que eu escolheria sentir?

Escreva suas respostas. Leia para si. Respire. E sinta.

Essas respostas são o seu primeiro passo.

E, quando você der o segundo — a ativação — o caminho vai se abrir.

Você não precisa estar pronto para tudo. Só precisa estar disponível para começar.

Agora, feche este livro.

E vá viver a sua ativação.

SUA VIDA JÁ NÃO É MAIS A MESMA.
A ESCOLHA É SUA. O CAMINHO É VOCÊ.
O MOMENTO... É AGORA.

REFERÊNCIAS BIBLIOGRÁFICAS:

AROGYA YOGA SCHOOL. Understanding the vibrational frequency chart. Disponível em: https://www.arogyayogaschool.com/blog/vibrational-frequency-chart/.

AR YOGA. Bija Mantras: the sounds of the Chakras — Lam, Vam, Ram, Yam, Ham, Om. 2011. Disponível em: http://ar-yoga.com/2011/10/bija-mantras-the-sounds-of-the-chakras-lam-vam-ram-yam-ham-om/.

CAPRA, Fritjof. O Tao da Física. São Paulo: Cultrix, 2006.

CATEDRAL CAMPINAS. Existem riscos em despertar a Kundalini? Disponível em: https://catedralcampinas.com.br/existem-riscos-em-despertar-a-kundalini/.

CRAWFORD, Quantz. O despertar da Kundalini e os condutos Sushumna, Ida e Pingala. IPPB. Disponível em: https://www.ippb.org.br/textos/textos-consciencias/o-despertar-da-kundalini-e-os-condutos-sushumna-ida-e-pingala-or-dr-quantz-crawford.

DESCARTES, René. Les passions de l'âme. Paris: Vrin, 1996 (original de 1649).

DISPENZA, Joe. O poder do subconsciente: mude sua mente, mude sua vida. São Paulo: HarperCollins, 2019.

DISPENZA, Joe. Sobrenatural: como pessoas comuns estão fazendo coisas incomuns. São Paulo: HarperCollins, 2019. (Original: Becoming Supernatural, 2017.)

ELEPHANT JOURNAL. Don't look back in anger: divesting the cult of Yogi Bhajan. 2020. Disponível em: https://www.elephantjournal.com/2020/10/dont-look-back-in-anger-divesting-the-cult-of-yogi-bhajan/.

FONTEIJN, Willem A. Integrando o processo de despertar da Kundalini na vida pessoal e na prática psicoterapêutica. Revista Internacional de Pesquisa em Psiquiatria, [S.l.], v. –, n. –, 2023. Disponível em: https://www.scivisionpub.com/abstract-display.php?id=872.

GALASSI, Thais. Método AKE — Awakening Kundalini Energy. Disponível em: https://thaisgalassi.com.br.

GALASSI, Thais. Espiritualidade e Transcendência 963 Hz. YouTube, 2024. Disponível em: https://www.youtube.com/watch?v=G7R5HJ-9CJM.

GOLEMAN, Daniel; DAVIDSON, Richard. Traços alterados: a ciência revela como a meditação transforma a mente, o cérebro e o corpo. São Paulo: Objetiva, 2018. (Original: Altered Traits, 2017.)

GRIFFITHS, Roland R. et al. Mystical-type experiences occasioned by psilocybin mediate the attribution of personal meaning and spiritual significance 14 months later. Journal of Psychopharmacology, v. 22, n. 6, p. 621–632, 2008.

HAWKINS, David R. Power vs. Force: the hidden determinants of human behavior. Sedona: Veritas Publishing, 1995.

HEARTMATH INSTITUTE. Science of the Heart: exploring the role of the heart in human performance. Boulder Creek: HeartMath Institute, 2016.

HEARTMATH INSTITUTE. Página institucional. Disponível em: https://www.heartmath.org/.

JOURNAL OF CONSCIOUSNESS STUDIES. Publicações: Brighton: Imprint Academic, 1994–. Disponível em: https://www.imprint.co.uk/product/jcs/.

JUDITH, Anodea. Rodas da Vida: Uma Jornada Através dos Chakras. São Paulo: Pensamento, 2006.

JUDITH, Anodea. Despertar da Energia Espiritual: a ascensão da Kundalini. São Paulo: Cultrix, 2013.

JUNG, Carl Gustav. Os arquétipos e o inconsciente coletivo. 9. ed. Petrópolis: Vozes, 2008. (Obras Completas de C. G. Jung, v. 9, pt. 1). Tradução de Maria Luiza Appy e Dora Ferreira da Silva. Publi-

cado originalmente em 1954.

KUNDALINI RESEARCH INSTITUTE. What is Kundalini? Disponível em: https://kundaliniresearchinstitute.org.

LIPTON, Bruce H. A biologia da crença: a liberação do poder da consciência, da matéria e dos milagres. Tradução de Yma Vick. Edição padrão. São Paulo: Butterfly Editora, 2007.

LUTZ, Antoine; DUNNE, John D.; DAVIDSON, Richard J. Meditation and the neuroscience of consciousness. In: ZELAZO, Philip D. et al. The Cambridge Handbook of Consciousness. Cambridge: Cambridge University Press, 2007. p. 499–554.

MEDICINA DA CONSCIÊNCIA. O que é a Energia Kundalini? Como despertar? Blog, 2 mar. 2022. Disponível em: https://medicinadaconsciencia.org/blog/energia-kundalini.

MEDITATIVE MIND. 963 Hz + 852 Hz + 639 Hz | Activate Pineal Gland | Open Third Eye. YouTube, 2018. Disponível em: https://www.youtube.com/watch?v=5pRYiY2eNfc.

NATIONAL CENTER FOR BIOTECHNOLOGY INFORMATION. Neuromodulation of the Pineal Gland via Electrical Stimulation of Its Output, 2020. Disponível em: https://www.ncbi.nlm.nih.gov/pmc/articles/PMC7145358/.

GLOSSÁRIO

AKE - Awakening Kundalini Energy – Método canalizado por Thais Galassi após milhares de ativações energéticas. Une espiritualidade, ciência, amor e consciência para facilitar o despertar seguro e profundo da energia Kundalini.

Anahata *(chakra)* – O quarto *chakra*, localizado na região do coração. Representa o amor, a compaixão, o perdão e o equilíbrio emocional. Está associado ao elemento ar e ao bija mantra "YAM".

Ananda – Palavra sânscrita que significa "bem-aventurança divina" ou "êxtase espiritual". Representa o estado de plenitude que surge no despertar da consciência.

Arquétipo – Imagens simbólicas universais que habitam o inconsciente coletivo (conceito de Carl Jung). Representam padrões de comportamento, fases da alma e forças interiores que podem ser ativadas ou ressignificadas.

Ajna *(chakra)* – O sexto chakra, localizado entre as sobrancelhas, também conhecido como "terceiro olho". Relaciona-se à intuição, à visão interior e à percepção sutil. Seu *bija* mantra é "OM" (ou AUM).

Asana – Posição corporal ou postura física utilizada nas práticas de yoga. No Yoga Kundalini, asanas são combinadas com respiração e foco para desbloquear fluxos energéticos e fortalecer o corpo sutil.

Atman – No hinduísmo, é o Eu superior, o espírito individual eterno e divino. O despertar da Kundalini facilita a reconexão com essa dimensão da alma.

Bandha – Técnicas de contração muscular e energética utilizadas para redirecionar o prana no corpo durante a prática de yoga. Exemplos incluem Mula Bandha (contração do períneo) e Jalandhara Bandha (contração da garganta).

Canalização – Processo em que a consciência do indivíduo se conecta a fontes superiores de sabedoria (guia espiritual, eu superior, frequência estelar, etc.), recebendo mensagens, intuições ou informações energéticas.

Chakra – Do sânscrito, significa "roda". São centros energéticos distribuídos ao longo da coluna vertebral, responsáveis pela recepção, transformação e distribuição da energia vital (prana) no corpo físico e sutil.

Dharma – Propósito de vida alinhado à verdade interior e ao bem coletivo. Viver o *dharma* é viver de forma consciente, ética e coerente com a alma.

Despertar espiritual – Processo de reconexão com a essência divina do ser. Envolve expansão de consciência, liberação de bloqueios e realinhamento com o propósito de alma.

Frequência – Vibração energética que determina o estado emocional, espiritual e físico de um ser. Quanto maior a frequência, mais alinhado com o amor, a presença e a verdade.

Glândula Pineal – Glândula localizada no centro do cérebro, associada à intuição, à percepção sutil e à espiritualidade. Considerada a "antena" da alma.

Ida – Canal energético sutil (nadi) associado à energia lunar, feminina, introspectiva e emocional. Circula pelo lado esquerdo do corpo.

Kundalini – Energia vital primária, adormecida na base da coluna vertebral (*chakra Muladhara*), representada simbolicamente por uma serpente. Quando despertada, sobe pelos *chakras*, promovendo cura, expansão e transformação espiritual.

Kriya – Sequência de técnicas que combinam asanas, respiração, mantras e concentração, com o objetivo de purificar o corpo e expandir a consciência. Em sânscrito significa "ação", "ritual" ou "prática". No Yoga Kundalini, cada *kriya* tem uma função energética específica.

Mantra – Palavra ou som sagrado que, repetido com intenção e presença, eleva a frequência, acalma a mente e desperta estados superiores de consciência.

Manipura *(chakra)* – O terceiro *chakra*, localizado na região do estômago. Representa poder pessoal, autoestima, ação e digestão emocional. Elemento: fogo. *Bija* mantra: "RAM".

Mudra – Gesto ou posição simbólica das mãos que canaliza energia para propósitos específicos durante práticas espirituais, ativações ou meditação.

Muladhara *(chakra)* – Primeiro *chakra*, localizado na base da coluna. Representa segurança, sobrevivência e conexão com a Terra. Elemento: terra. *Bija* mantra: "*LAM*".

Nadis – Canais sutis por onde flui o prana (energia vital). Existem milhares de *nadis*, sendo os três principais: *ida*, *pingala* e *sushumna*.

Pingala – Canal energético sutil associado à energia solar, masculina, ativa e racional. Circula pelo lado direito do corpo.

Prana – Energia vital universal que sustenta a vida em todos os seres. Circula pelos *nadis* e *chakras*.

Pranayama – Técnicas respiratórias que regulam e expandem o prana (energia vital) no corpo. São utilizadas para equilibrar os *nadis*, acalmar a mente e preparar o corpo para meditação ou ativação energética.

Sadhana – Prática espiritual contínua, disciplinada e intencional. Pode incluir meditação, respiração, mantras e outras técnicas de purificação e expansão.

Sahasrara *(chakra)* – O sétimo *chakra*, localizado no topo da cabeça. Representa a conexão com o divino, o estado de unidade e iluminação espiritual. Elemento: consciência pura. Não possui *bija* mantra específico — o silêncio o representa.

Samskara – Impressões mentais e emocionais armazenadas no subconsciente, formadas por experiências passadas. Podem influenciar padrões de comportamento até serem transmutadas.

Shakti – Energia divina feminina, força ativa do universo. No despertar da Kundalini, Shakti se eleva em direção ao divino masculino (*Shiva*), unificando matéria e consciência.

Sânscrito – Língua sagrada da Índia antiga, usada nos textos do Yoga, Tantra, Vedas e Upanishads. Muitas palavras espirituais vêm dessa origem.

Sushumna – Canal energético central que conecta a base da coluna ao topo da cabeça. É por onde a energia Kundalini ascende, atravessando todos os *chakras*.

Swadhisthana *(chakra)* – Segundo *chakra*, localizado abaixo do umbigo. Relaciona-se à criatividade, sexualidade e fluxo emocional. Elemento: água. *Bija* mantra: "*VAM*".

Tantra – Filosofia espiritual indiana que propõe a integração do corpo, da energia e da consciência como caminho para o despertar. Muitas vezes é confundido com práticas sexuais, mas seu escopo vai muito além disso.

Tantras – Textos sagrados da tradição esotérica, que ensinam práticas de expansão da consciência, união sagrada, meditação e liberação espiritual.

Transmutação – Processo de transformação de uma energia densa em uma frequência mais elevada. Pode ocorrer no nível físico, emocional, mental ou espiritual.

Upanishads – Textos filosóficos da Índia antiga que integram os Vedas. Falam sobre o Eu interior, o Absoluto e o despertar espiritual.

Vishuddha *(chakra)* – Quinto *chakra*, localizado na garganta. Relaciona-se à expressão, à verdade e à comunicação autêntica. Elemento: éter. *Bija* mantra: "*HAM*".

Vedas – Escrituras sagradas mais antigas da tradição indiana. Contêm hinos, rituais e ensinamentos espirituais que fundamentam o Yoga e o Tantra.